Из сердца Аммы

Беседы с
Шри Матой Амританандамайи

Автор-составитель:
Свами Амритасварупананда

Mata Amritanandamayi Center, San Ramon
Калифорния, США.

УДК 130.3:233
ББК 87.2(5Инд) + 86.331
    С24

Из сердца Аммы
Беседы с Шри Матой Амританандамайи
Автор-составитель: Свами Амритасварупананда
Перевод с англ.

Издатель:
Mata Amritanandamayi Center
P.O. Box 613
San Ramon, CA 94583
Соединенные Штаты

---------------- *From Amma's Heart (Russian)* ---------------

Первое издание М.А. Центра: Апрель 2016 г.

Русский сайт: www.ru.amma.org

Сайты в Индии:
    www.amritapuri.org
    inform@amritapuri.org

Эта книга преподносится к лотосным стопам
нашей возлюбленной Аммы –
источнику красоты и любви.

Содержание

Аум Амритэшварьей Намаха

Предисловие

Без словесного общения человеческое существование было бы безрадостным. Обмен идеями и эмоциями является неотъемлемой частью нашей жизни. Однако именно тишина, в которую мы погружаемся благодаря молитве и медитации, действительно помогает нам обрести умиротворение и истинное счастье в этом шумном мире конфликтующих противоположностей и соперничества.

В повседневной жизни, где людям приходится постоянно взаимодействовать и общаться друг с другом, трудно сохранять молчание. Даже если окружающая обстановка располагает к спокойствию, соблюдать молчание нелегко. Обычного человека это даже может свести с ума. Однако блаженная тишина – истинная природа таких Божественных личностей, как Амма.

Наблюдая, как Амма ведет себя в разных ситуациях, во взаимоотношениях с разными людьми в разных уголках мира, я заметил, как естественно и непринужденно она переходит из одного состояния в другое. То она наивысший духовный Учитель, то, мгновение спустя, – исполненная сострадания мать. Иногда она ведет себя, как ребенок, иногда – как руководитель. Окончив беседу с высокопоставленными лицами, именитыми учеными и общественными деятелями, она просто встает и идет в зал для *даршана*[1], чтобы прини-

---

[1] Традиционное значение этого слова – лицезрение святого или божества. *Даршанами* называются встречи Аммы с людьми, во время которых она принимает и благословляет каждого приходящего к ней. – Здесь и далее прим. ред.

мать и утешать тысячи своих детей[2] самых разных сословий, национальностей и вероисповеданий. Обычно Амма проводит весь день и бо́льшую часть ночи, утешая людей, выслушивая их проблемы, утирая им слезы, вселяя в них веру, твердость и силу. При этом Амма всегда пребывает в своем естественном невозмутимом состоянии. Она никогда не устает. Она никогда не жалуется. На ее лице всегда сияет лучезарная улыбка. Амма – необычайное в обычном облике – посвящает каждый момент своей жизни другим людям.

Что же делает Амму отличной от нас? В чем ее секрет? Откуда берется ее бесконечная энергия и сила? В присутствии Аммы очень ясно понимаешь ответ на эти вопросы. Ее слова подтверждают догадку: «Красота ваших слов, притягательность ваших действий, очарование ваших движений – всё это зависит от того, сколько тишины вы создали внутри себя. Люди обладают способностью всё глубже и глубже погружаться в эту тишину. Чем глубже вы погружаетесь, тем ближе вы к Бесконечности».

Эта глубокая тишина является основой существования Аммы. Безусловная любовь, невероятное терпение, огромное очарование и чистота – всё, что заключает в себе Амма, является продолжением безграничной тишины, в которой она пребывает.

Было время, когда Амма не беседовала с людьми так, как сейчас. Однажды, когда ее спросили об этом, она ответила: «Даже если бы Амма стала говорить с вами, вы бы ничего не поняли». Почему? Потому что из-за своего неведения мы не можем постичь высочайших знаний, которыми обладает Амма. Тогда почему же Амма беседует с нами сейчас? Лучше всего объяснить это словами самой

---

[2] Амма называет всех людей своими детьми. «Амма» в переводе с малаялам означает «Мать».

Аммы: «Если у искателей истины не будет проводника, то они могут сойти с пути, решив, что состояния Самореализации не существует».

На самом деле такие Великие Души, как Амма, предпочли бы молчание разговорам о Реальности, существующей за пределами этого объективного мира феноменов. Амма хорошо знает, что Истина, переданная словами, неизбежно исказится, и что наши ограниченные, пребывающие в неведении умы истолкуют ее неверно – так, чтобы как можно меньше ущемить наше эго. И всё же Амма, это воплощение сострадания, беседует с нами, отвечает на наши вопросы и рассеивает наши сомнения, прекрасно сознавая при этом, что наши умы будут порождать еще больше запутанных вопросов. Только терпение и бесконечная любовь к человечеству побуждают Амму продолжать отвечать на наши детские вопросы. И она будет продолжать делать это до тех пор, пока наши умы тоже не погрузятся в блаженную тишину.

В беседах, записанных в этой книге, Амма, Учитель учителей, снисходит на уровень своих детей, помогая нам уловить проблеск той неизменной Реальности, которая является основой этого постоянно изменяющегося мира.

Я собирал эти жемчужины мудрости с 1999 года. Почти все беседы и случаи, описанные здесь, произошли во время поездок Аммы по Западу. Сидя возле нее во время *даршана*, я старался вслушиваться в сладостные Божественные мелодии сердца Аммы, которыми она всегда готова поделиться со своими детьми. Нелегко передать чистоту, простоту и мудрость ее слов. Безусловно, я на это не способен. Однако благодаря ее бесконечной милости, я смог записать эти Божественные высказывания и воспроизвести их здесь.

Как и сама Амма, ее слова обладают гораздо большей глубиной, чем может показаться на первый взгляд,

– аспектом бесконечности, который обычный человеческий ум не в состоянии постичь. Должен признаться, я и сам не в силах полностью осознать и оценить глубинный смысл слов Аммы. Наши умы, скользящие по поверхности обыденного мира вещей, не могут даже приблизиться к пониманию того высочайшего уровня сознания, на котором пребывает Амма, беседуя с нами. Необходимо также упомянуть, что ее наставления, собранные в этой книге, представляются мне особенными и несколько отличными от приведенных в предыдущих сборниках.

Моим искренним желанием было отобрать и предложить вниманию читателя дивные неформальные беседы Аммы с ее детьми. Я собирал их четыре года. В них заключена целая Вселенная. Эти слова проистекают из глубин сознания Аммы. Поэтому под их поверхностью – блаженная тишина, истинная природа Аммы. Читайте их с глубоким чувством. Размышляйте и медитируйте на это чувство, и слова раскроют вам свое внутреннее значение.

Дорогие читатели, я убежден, что эта книга внутренне обогатит вас и поможет в ваших духовных поисках, рассеивая сомнения и очищая ум.

Свами Амритасварупананда
15 сентября 2003 года

Цель жизни

Искатель: Амма, в чем состоит цель жизни?

Амма: Это зависит от твоих приоритетов и взгляда на жизнь.

Искатель: Я спрашиваю, в чем состоит *истинная* цель жизни.

Амма: Истинная цель жизни – познать то, что находится за пределами физического существования.

Однако у каждого свой взгляд на жизнь. Большинство людей воспринимают жизнь как постоянную борьбу за выживание. Такие люди верят в принцип «выживает сильнейший». Их удовлетворяет обычный образ жизни – например, они стремятся получить работу, приобрести дом, машину, жениться или выйти замуж, обзавестись детьми и зарабатывать достаточно денег, чтобы хватало на жизнь. Да, всё это важно, и мы должны уделять внимание повседневной жизни, исполнять свой долг и свои обязанности, большие и малые. Но в жизни есть нечто большее – высшая цель, которая состоит в том, чтобы познать, кто мы.

Искатель: Амма, если мы позна́ем, кто мы, что нам это даст?

Амма: Всё. Чувство абсолютной полноты, когда в жизни не останется ничего не достигнутого. Эта Реализация делает жизнь совершенной.

Независимо от того, что мы уже приобрели и что стремимся приобрести, большинство людей по-прежнему ощущают в жизни какую-то зияющую пустоту – как в букве «С». Этот пробел, или нехватка чего-то, будет ощущаться всегда. Заполнить этот пробел и соединить два конца, как в букве «О», может лишь духовное знание и постижение *Атмана* [высшего «Я»]. Лишь познание *Атмана* поможет нам почувствовать, что мы утвердились в подлинном жизненном центре.

Искатель: Как в таком случае быть с мирскими обязанностями, которые люди должны выполнять?

Амма: Независимо от того, кто мы и чем занимаемся, обязанности, которые мы выполняем в этом мире, должны помогать нам в исполнении высшей *дхармы* [долга] – достижения единства с универсальным «Я». Все живые существа едины, потому что жизнь едина, и у жизни одна цель. Отождествляя себя с телом и умом, человек может думать: «Искать высшее "Я" и достичь Самореализации – не моя *дхарма*; моя *дхарма* – работать музыкантом, или актером, или бизнесменом». Если таково чье-то восприятие, это нормально. Однако мы никогда не обретем чувства внутренней полноты, если не направим энергию к высшей цели жизни.

Искатель: Амма, ты говоришь, что для всех цель жизни – Самореализация. Но складывается впечатление, что это не так, ведь большинство людей не достигают Реализации и даже, кажется, к ней не стремятся.

Амма: Причина в том, что большинство людей не способны постичь духовные истины. Это то, что известно как *майя*, иллюзорная власть мира, скрывающая Истину и отдаляющая от нее человечество.

Понимаем мы это или нет, но истинная цель жизни заключается в том, чтобы осознать внутреннюю божественность. В своем нынешнем ментальном состоянии ты можешь многого не знать. Говорить: «Этого не существует, потому что мне об этом ничего не известно» – ребячество. Ты будешь попадать в разные ситуации и испытывать различные переживания, знаменующие наступление новых, ранее не ведомых жизненных этапов, которые будут подводить тебя всё ближе и ближе к твоему собственному истинному «Я». Это лишь вопрос времени. Одни, возможно, уже достигли Реализации, другие вот-вот достигнут, а третьи достигнут ее позднее. Если этого еще не произошло и, быть может, даже не произойдет в этой жизни, не нужно думать, что этого не случится никогда.

Необъятное знание, скрытое внутри тебя, ждет позволения раскрыться. Но этого не произойдет, если ты не позволишь.

Искатель: А кто должен позволить? Ум?

Амма: Всё твое существо – ум, тело и интеллект.

Искатель: Это вопрос понимания?

Амма: Это вопрос понимания и действия.

Искатель: Как нам развить это понимание?

Амма: Воспитывая смирение.

Искатель: А что такого великого в смирении?

Амма: Обладая смирением, ты воспринимаешь происходящее, но не судишь о нем. Это помогает тебе большему научиться.

Дело не только в интеллектуальном понимании. В мире полно людей, у которых в голове предостаточно духовной информации. Но сколькие из них обладают подлинной духовностью и искренне стремятся достичь Цели или даже просто стараются глубже понять духовные принципы? Таких людей очень мало, не так ли?

Искатель: Амма, так в чем же на самом деле проблема? В безверии или в том, чтобы выйти за пределы интеллекта?

Амма: Обладая настоящей верой, автоматически погружаешься в сердце.

Искатель: Так значит, дело в безверии?

Амма: А как ты думаешь?

Искатель: Да, в безверии. Но почему ты сказала «погружаешься в сердце?»

Амма: С физической точки зрения, голова – самая высокая часть тела. Чтобы переместиться оттуда в сердце, нужно совершить погружение. Однако с духовной точки зрения, это значит подняться и воспарить.

Терпи, пациент

Искатель: Как получить настоящую помощь от Садгуру [истинного Учителя]?

Амма: Для того чтобы получить помощь, сначала нужно принять тот факт, что ты – пациент, а потом набраться терпения.

Искатель: Амма, ты – наш доктор?

Амма: Ни один хороший врач не станет ходить и повсюду заявлять: «Я самый лучший врач. Приходите ко мне, я вас вылечу». У пациента может быть самый лучший врач, но если он в него не верит, лечение может оказаться неэффективным.

Независимо от времени и места, все «операции», которые происходят в «операционной» жизни, делает Бог. Известно, что во время операции хирурги носят маску. В это время никто не может их узнать. Однако под маской всё тот же доктор. Так, за внешней видимостью всех жизненных ситуаций скрывается милосердный лик Бога, или нашего Гуру.

Искатель: Амма, когда речь идет об удалении эго, ты относишься к своим ученикам без сочувствия?

Амма: Когда врач удаляет пациенту часть тела, пораженную раком, расцениваете ли вы это как бесчувственный поступок? Если да, то Амма тоже, так сказать, не испытывает сочувствия. Но Амма прикасается к эго своих детей только в том случае, если они сотрудничают с ней.

Искатель: Что ты делаешь, чтобы помочь им?

Амма: Амма помогает своим детям увидеть «раковую опухоль» эго – внутренние слабости и негативные качества – и облегчает процесс избавления от нее. Это и есть настоящее сострадание.

Искатель: Ты считаешь их своими пациентами?

Амма: Гораздо важнее, чтобы *они* понимали, что они пациенты.

Искатель: Амма, что ты имеешь в виду, когда говоришь о сотрудничестве со стороны ученика?

Амма: Веру и любовь.

Искатель: Амма, у меня дурацкий вопрос, но мне очень хочется его задать. Прости меня, пожалуйста, за глупость.

Амма: Задавай.

Искатель: Каков процент успешных «операций»?

Амма громко смеется и легонько шлепает искателя по макушке.

Амма (*продолжая смеяться*): Сын, успешные «операции» случаются очень редко.

Искатель: Почему?

Амма: Потому что эго не позволяет большинству людей сотрудничать с «доктором». Это мешает ему хорошо сделать работу.

Искатель *(шутливо)*: «Доктор» – это ты, так ведь?

Амма *(по-английски)*: Я не знаю.

Искатель: Хорошо, Амма, а какое основное требование необходимо соблюсти, чтобы такая «операция» прошла успешно?

Амма: Когда пациент находится на операционном столе, единственное, что ему следует делать, – это быть спокойным, верить врачу и не сопротивляться. В наше время доктора применяют анестезию даже при небольших операциях. Никто не хочет чувствовать боль. Когда люди испытывают боль, они предпочитают быть без сознания, а не бодрствовать. Анестезия, местная или общая, приводит к тому, что человек не осознаёт, что с ним происходит. Однако когда с тобой – с твоим эго – работает истинный Учитель, он предпочитает, чтобы ты находился в сознании. «Операция» Божественного Учителя удаляет «раковую опухоль» эго ученика. Весь процесс проходит намного легче, если ученик остаётся открытым и осознающим происходящее.

Подлинное значение дхармы

Искатель: Разные люди по-разному объясняют, что такое дхарма. Когда одно понятие имеет столько толкований, это обескураживает. Амма, каково подлинное значение дхармы?

Амма: Понимание подлинного значения *дхармы* придет только тогда, когда мы позна́ем, что Бог – наш источник и опора. Этого не найти в словах или книгах.

Искатель: Это высшая *дхарма*, не так ли? Но как нам уяснить значение, подходящее для каждого дня нашей жизни?

Амма: Это откровение, которое является каждому из нас по мере того, как мы проходим через разные жизненные испытания. Некоторым это откровение является быстро. Они очень скоро находят правильный путь и избирают правильный образ действий. У других этот процесс идет медленно. Возможно, им придется следовать путем проб и ошибок, прежде чем наступит момент, когда они смогут начать исполнять свою *дхарму* в этом мире. Это не значит, что всё, сделанное ими в прошлом, было напрасно. Нет, это обогатит их опыт, из которого они также извлекут ряд уроков, при условии что будут открытыми.

Искатель: Если жить обычной семейной жизнью, сталкиваясь с трудностями и проблемами, которые встают перед домохозяевами, будет ли это препятствовать духовному пробуждению?

Амма: Нет, если мы будем сознавать, что главная цель нашей жизни – Самореализация. Если это будет нашей целью, мы будем формировать мысли и совершать действия так, чтобы они помогали нам достичь ее, не правда ли? Мы всегда будем помнить о конечном пункте назначения. Путешествуя из одного места в другое, человек может несколько раз выходить на остановках, чтобы выпить чашечку чая или перекусить, но он всегда будет возвращаться в автобус. Даже делая подобные небольшие паузы, он всегда будет помнить, каков настоящий пункт назначения. Так же и в жизни – мы можем много раз останавливаться и совершать разные действия. Однако мы не должны забывать возвращаться в «автобус», везущий нас по духовному пути, и сидеть в нем, хорошенько «пристегнувшись».

Искатель: Хорошенько «пристегнувшись»?

Амма: Да. Когда вы летите на самолете, воздушные ямы могут вызывать турбулентность, и пассажиров будет трясти. Даже когда едешь по дороге, может произойти авария.

Поэтому всегда лучше подстраховаться и принять некоторые меры предосторожности. На духовном пути тоже нельзя исключить ситуаций, способных вызвать смятение ума или эмоциональные всплески. Чтобы обезопасить себя от подобных обстоятельств, мы должны слушаться *Садгуру* [истинного Учителя], а также соблюдать в жизни дисциплину и правила поведения, регулирующие, что разрешено, а что запрещено. Когда мы говорим о духовном путешествии, это и есть «ремни безопасности».

Искатель: Значит, какую бы работу мы ни выполняли, она не должна отвлекать нас от высшей *дхармы* – Богореализации. Амма, я правильно тебя понял?

Амма: Да. Те из вас, кто хочет вести медитативную и созерцательную жизнь, должны поддерживать внутри пламя духовного устремления.

Дхарма означает «то, что поддерживает». То, что поддерживает жизнь и существование, – это *Атман* [высшее «Я»]. Поэтому слово «*дхарма*», хотя обычно оно используется в значении «долг» или «путь», которым человек должен следовать в мире, в конечном итоге указывает на Самореализацию. В этом смысле *дхармой* можно назвать лишь те мысли и действия, которые поддерживают нашу духовную эволюцию.

Действия, выполняемые в надлежащее время с надлежащим отношением и надлежащим образом, – *дхармичны*. Сознание правильности действия может помочь в процессе очищения ума. Вы можете быть бизнесменом или водителем, мясником или полицейским – какой бы ни была ваша работа, если вы выполняете ее как *дхарму*, как средство достижения *мокши* [освобождения], то ваши действия становятся священными. Именно так *гопи* [жены пастухов] из Вриндавана, которые зарабатывали на жизнь, продавая молоко и масло, приблизились к Богу и в конце концов достигли цели жизни.

Любовь и любовь

Искатель: Амма, чем отличается любовь от Любви?

Амма: Разница между любовью и Любовью такая же, как разница между людьми и Богом. Любовь – это природа Бога, а любовь – природа людей.

Искатель: Но Любовь – это также истинная природа человека, не так ли?

Амма: Да, если он осознаёт эту истину.

Сознание и осознание

Искатель: Амма, что такое Бог?

Амма: Бог – это чистое сознание, Бог – это чистое осознание.

Искатель: Сознание и осознание – это одно и то же?

Амма: Да. Чем больше у тебя осознания, тем больше сознания, и наоборот.

Искатель: Амма, в чем различие между материей и сознанием?

Амма: Одно – внешнее проявление, другое – внутренняя суть. То, что снаружи, – материя, а то, что внутри, – сознание. Внешнее проявление изменяется, а внутренняя суть, то есть *Атман* [высшее «Я»], неизменна. Именно присутствие *Атмана* оживляет и освещает все вокруг. *Атман* сияет собственным светом, а материя – нет. Без участия сознания материя остается непознанной. Однако когда человек поднимается над различиями, он видит, что всё пронизано чистым сознанием.

Искатель: «Поднимается над различиями», «всё пронизано чистым сознанием»… Амма, ты всегда находишь прекрасные примеры, чтобы проиллюстрировать ту или иную мысль. Можешь ли ты привести пример, чтобы мы смогли более ясно представить себе то, о чем ты говоришь?

Амма *(с улыбкой)*: Даже тысяча прекрасных примеров не остановит ум и не помешает ему задавать эти вопросы вновь и вновь. Лишь чистый опыт может рассеять все сомнения. Однако, если интеллект немного «насытится», услышав пример, то Амма не против.

Представь, что ты в лесу. Ты видишь там разные деревья и растения во всем их многообразии. Когда ты выйдешь из леса и начнешь удаляться от него, то, оглядываясь назад, ты заметишь, что эти разнообразные деревья и растения постепенно исчезают и в конце концов сливаются в один сплошной лес. Когда ты выйдешь за пределы ума, его ограничения в виде мелочных желаний и различий, порожденных восприятием себя, своего «я», отдельным от других, исчезнут. Тогда ты начнешь воспринимать всё вокруг, как одно единственное «Я».

Сознание всегда есть

Искатель: Если сознание есть всегда, можно ли привести убедительные доказательства его существования?

Амма: Твое существование и есть самое убедительное доказательство сознания. Можешь ли ты отрицать собственное существование? Нет, потому что само твое отрицание доказывает то, что ты существуешь, не так ли? Предположим, кто-то спрашивает: «Ты здесь?» Ты отвечаешь: «Нет, меня здесь нет». Даже отрицательный ответ ясно свидетельствует о том, что ты всё-таки здесь. Нет необходимости делать утвердительные заявления. Отрицай свое существование – и ты его докажешь. Поэтому не может быть никаких сомнений в том, что *Атман* [высшее «Я»] есть.

Искатель: Почему же тогда нам так трудно познать это опытным путем?

Амма: «То, что есть» можно познать опытным путем только тогда, когда мы осознаём это. В противном случае оно остается нам не ведомым, несмотря на то, что существует. Просто нам не открылась истина о его существовании. Закон гравитации существовал и до того, как его открыли. Подброшенный вверх камень непременно должен был упасть. Так и сознание: оно всегда находится внутри нас – сейчас, в данный момент, – но мы можем об этом не знать. В действительности только настоящий момент является реальностью. Но чтобы это познать, нам нужно новое зрение, новые глаза и даже новое тело.

Искатель: «Новое тело?» Что ты имеешь в виду?

Амма: Это не означает, что тело исчезнет. Оно будет выглядеть таким же, но с ним произойдут тонкие изменения, трансформация. Потому что только тогда оно сможет удержать в себе постоянно расширяющееся сознание.

Искатель: Что ты имеешь в виду под постоянно расширяющимся сознанием? Согласно Упанишадам Абсолют является *пурнам* [всегда полным]. В Упанишадах сказано: «*пурнамада пурнамидам...*» [«это – целое, то – целое...»], поэтому я не понимаю, как уже совершенное сознание может расти?

Амма: Абсолютно верно. Однако на индивидуальном, или физическом, плане духовный ученик испытывает расширение сознания. Конечно, вся *шакти* [Божественная энергия] в целом остается неизменной. Хотя с точки зрения веданты[1]

---

[1] Букв. «завершение Вед». Философия заключительной части Вед, Упанишад, согласно которой высшая Истина едина и неделима.

духовного пути не существует, на уровне индивидуума есть так называемый путь к достижению состояния совершенства. Достигнув Цели, ты поймешь, что весь процесс, включая путь, был нереальным, потому что ты всегда пребывал в этом состоянии, ты никогда не был вне его. Пока не наступит высшая Реализация, по мере развития *садхака* [духовного искателя] будет происходить расширение осознания и сознания.

Например, что происходит, когда ты берешь воду из колодца? Колодец тут же снова наполняется водой из родника, питающего его. Родник будет всегда наполнять колодец. Чем больше воды ты берешь, тем больше ее поступает из родника. Таким образом, можно сказать, что количество воды в колодце продолжает увеличиваться. Родник – это неиссякаемый источник. Колодец полон водой и остается полным, потому что он всегда соединен с родником. Колодец постоянно «совершенствуется». Он постоянно «расширяется».

Искатель *(после задумчивого молчания)*: Это очень наглядный пример, но всё же звучит сложновато.

Амма: Да, умом этого не понять. Амма это знает. Самое легкое всегда кажется самым трудным. Самое простое всегда будет самым сложным. А самое близкое всегда представляется самым далеким. Всё это останется загадкой, пока ты не познаешь высшее «Я». Вот почему *Риши* [древние провидцы] описывали *Атман* как «то, что дальше самого далекого и ближе самого близкого».

Дети, человеческое тело – инструмент с очень ограниченными возможностями. Оно не может вместить бесконечное сознание. Однако когда мы, подобно колодцу, соединимся с вечным источником *шакти*, сознание в нас будет постоянно расширяться. Когда вы достигнете состояния высшего *самадхи* [естественного состояния пребывания в высшем

«Я»], связь между телом и умом, между Богом и миром будет поддерживаться в совершенной гармонии. В этом состоянии нет роста, нет ничего. Ты пребываешь в единении с бесконечным océаном сознания.

Никаких притязаний

Искатель: Амма, ты на что-нибудь претендуешь?

Амма: Претендую на что?

Искатель: Что ты – воплощение Божественной Матери или Учитель, достигший полной Самореализации, и т.д.

Амма: Разве президент или премьер-министр какой-нибудь страны ходит повсюду, объявляя: «Вы знаете, кто я такой? Я – президент (премьер-министр)?» Нет. Они те, кто есть. Чтобы претендовать на то, что ты *Аватар* [Бог в человеческом образе] или человек, достигший Самореализации, необходимо эго. На самом деле, если кто-то говорит, что он воплощение Бога, совершенная Душа, это само по себе является доказательством обратного.

Совершенные Учителя не имеют подобных притязаний. Они всегда подают миру пример своим смирением. Запомни, Самореализация не делает тебя особенным. Она делает тебя смиренным.

Для того чтобы претендовать на то, что ты выдающаяся личность, не нужно быть просветленным или обладать каким-либо особым талантом. Единственное, что необходимо, – это большое эго, ложная гордость. А это то, чего нет у совершенного Учителя.

О важности Гуру на духовном пути

Искатель: Почему на духовном пути так важно иметь Гуру?

Амма: Скажи-ка Амме, существует ли какой-либо вид деятельности, которым можно овладеть без помощи учителя, или путь, который можно пройти без проводника? Если ты хочешь водить машину, тебе необходимо научиться этому у опытного водителя. Ребенку нужен тот, кто покажет ему, как завязывать шнурки. А как ты выучишь математику без учителя? Даже вору нужен учитель, который обучит его воровству. Если учителя необходимы в обычной жизни, разве они тем более не нужны нам на духовном пути, высочайшем из всех путей?

Если ты отправляешься в путешествие в далекие края, тебе, возможно, захочется купить карту. Но сколько ее ни изучай, если ты никогда раньше не был в этом месте, то ничего о нем не узнаешь, пока не попадешь туда. Карта также ничего не скажет тебе о путешествии как таковом, о легких и сложных участках пути, возможных опасностях, подстерегающих на дороге. Поэтому гораздо лучше получить инструкции от человека, который уже совершил такое путешествие и знает дорогу на основании собственного опыта.

Что ты знаешь о духовном пути? Это абсолютно неизведанный мир. Возможно, ты почерпнул какую-то информацию из книг и рассказов других людей. Но когда дело доходит до реальных действий, до опытного познания, руководство *Садгуру* [истинного Учителя] абсолютно необходимо.

Исцеляющее прикосновение Аммы

Однажды координатор европейских туров Аммы подвел к ней молодую женщину, которая горько плакала. «Она хочет рассказать Амме свою печальную историю», – сказал он мне. Заливаясь слезами, девушка поведала Амме, что ее отец ушел из дома, когда ей было всего пять лет. Маленькой девочкой она часто спрашивала мать о том, где он. Но мать никогда не говорила о нем ничего хорошего, потому что была с ним в очень плохих отношениях. С годами живой интерес девушки к отцу угас.

Два года назад – прошло двадцать лет с момента исчезновения отца девушки – ее мать умерла. Разбирая вещи матери, дочь с удивлением обнаружила в одном из старых дневников адрес отца. Вскоре ей удалось узнать номер его телефона. Не в силах сдержать волнение, она немедленно ему позвонила. Радости отца и дочери не было границ. После долгого разговора по телефону, они решили встретиться. Он согласился приехать в поселок, в котором она жила, и они назначили день встречи. Однако жестокий рок распорядился по-иному. По дороге на встречу с дочерью отец погиб в автомобильной катастрофе.

Девушка была вне себя от горя. Ее вызвали в больницу для опознания тела и выдали ей останки отца. Представьте себе состояние молодой женщины. С каким нетерпением ожидала она встретить отца, который отсутствовал 20 лет, и в результате всё, что она увидела, – его мертвое тело! Более того, доктора сообщили ей, что катастрофа произошла из-за сердечного приступа, который случился у ее отца, когда тот вел машину. Возможно, причиной этому послужило волнение, которое он испытал от предвкушения встречи с дочерью после стольких лет разлуки.

В то утро, когда Амма приняла девушку, я стал свидетелем одного из самых чудесных и трогательных *даршанов* из всех, что я видел. Девушка безутешно рыдала, а Амма вытирала свои собственные слезы, струившиеся по ее щекам. Нежно обнимая девушку, Амма держала ее голову на своих коленях, утирала ее слезы, целовала и гладила ее, ласково приговаривая: «Дитя мое, доченька моя, не плачь!» Амма успокоила и утешила молодую женщину. Они общались практически без слов. Наблюдая за этой сценой настолько открыто, насколько мог, я получил еще один урок лечения разбитых сердец, и вновь увидел, как это происходит в присутствии Аммы. Когда девушка уходила, в ней была заметна явная перемена. Она выглядела гораздо спокойнее, как будто камень упал с ее плеч. Перед тем как уйти, она повернулась ко мне и произнесла: «После встречи с Аммой я чувствую себя легкой, как цветок».

Когда Амма сталкивается с такими непростыми ситуациями, особенно если к ней приходят люди, испытывающие боль или объятые горем, она говорит очень мало. Только молчание в сочетании с глубоким сопереживанием может облегчить страдания человека. В таких случаях Амма разговаривает глазами, разделяя со своими детьми их боль и выражая глубокую любовь, заботу и участие.

Амма говорит: «Эго никого не может вылечить. Рассуждения о высокой философии замысловатым языком только собьют людей с толку. Тогда как взгляд или прикосновение человека, в котором нет эго, легко развеет облака горя и отчаяния в уме страдающего. Именно это и ведет к настоящему исцелению».

Боль смерти

Искатель: Амма, почему со смертью связано столько страха и боли?

Амма: Слишком большая привязанность к телу и земной юдоли порождает боль и страх смерти. Практически все полагают, что смерть – это полное уничтожение. Никто не хочет покинуть мир и исчезнуть в небытии. При такой привязанности процесс ухода из тела и мира может быть болезненным.

Искатель: Будет ли смерть безболезненной, если мы перерастем привязанность?

Амма: Если человек преодолеет привязанность к телу, то смерть не только будет безболезненной, но и станет радостным событием. Можно оставаться свидетелем смерти тела. Отстраненное отношение превращает смерть в событие совершенно иного порядка.

Большинство людей умирают с чувством ужасного разочарования и неудовлетворенности. Охваченные глубокой печалью, они проводят свои последние дни в тревоге, боли и полном отчаянии. Почему? Потому что они так и не научились отпускать и освобождаться от своих бессмысленных мечтаний, желаний и привязанностей. Старость, особенно последние дни таких людей становятся хуже ада. Вот почему важна мудрость.

Искатель: Приобретается ли мудрость с возрастом?

Амма: Многие так думают. Всё увидев и испытав по мере прохождения различных жизненных этапов, человек должен набраться мудрости. Однако не так-то просто достичь необходимого уровня мудрости, особенно живя в сегодняшнем мире, где люди стали такими эгоцентричными.

Искатель: Какое основное качество необходимо развить в себе для обретения мудрости?

Амма: Созерцательность и медитативность. Это позволит нам осознавать глубинный смысл разнообразных жизненных ситуаций.

Искатель: Амма, поскольку большинство людей не обладают созерцательностью и медитативностью, насколько такое условие практично для них?

Амма: Это зависит от того, какое значение этому придает человек. В былые времена медитация и созерцание являлись неотъемлемой частью жизни. Поэтому в ту пору удалось столь многого достичь, хотя наука и техника не были развиты так, как сегодня. Открытия того времени остаются основой того, что мы делаем сегодня.

В наше время самое важное часто оказывается неприемлемым и объявляется «непрактичным». Это один из признаков *калиюги*, эпохи материализма и тьмы. Легко разбудить спящего, но трудно разбудить того, кто притворяется спящим. Имеет ли смысл держать зеркало перед слепым? В эту эпоху люди предпочитают закрывать глаза на Истину.

Искатель: Амма, что такое истинная мудрость?

Амма: То, что помогает сделать жизнь простой и красивой, есть истинная мудрость. Это правильное понимание, которое достигается человеком благодаря надлежащему распознаванию. Когда человек по-настоящему овладеет этой способностью, это отразится в его мыслях и поступках.

Человечество сегодня

Искатель: Каково сегодня духовное состояние человечества?

Амма: В целом во всем мире сейчас наблюдается великое духовное пробуждение. Люди всё больше и больше осознают необходимость духовного образа жизни. Философия нью-эйдж[2], йога и медитация, хотя их и не связывают напрямую с духовностью, приобретают в западных странах небывалую популярность. Во многих странах стало модным заниматься йогой и медитацией, особенно в высших слоях общества. Основополагающая идея жизни в гармонии с Природой и духовными принципами принимается даже атеистами. Внутренняя жажда перемен, ощущение их неотложной необходимости обнаруживаются повсюду. Это, несомненно, позитивный знак.

С другой стороны, влияние материализма и материалистических удовольствий также возрастает с бесконтрольной быстротой. Если это будет продолжаться, то повлечет за собой серьезный дисбаланс. Когда дело касается материалистических удовольствий, люди проявляют плохую способность к различению, и их подход зачастую оказывается неразумным и разрушительным.

Искатель: Есть ли что-то новое или особенное в этой эпохе?

---

[2] Движение, сформировавшееся в XX веке, вобравшее в себя как восточные, так и западные традиции.

Амма: Можно сказать, что каждое мгновение является особенным. Тем не менее эта эпоха особенно примечательна тем, что мы почти достигли очередной вершины человеческого существования.

Искатель: Правда? Что это за вершина?

Амма: Вершина эгоизма, тьмы и корыстолюбия.

Искатель: Амма, не могла бы ты поподробнее рассказать об этом?

Амма: Согласно утверждению *Риши* [древних провидцев], существует четыре эпохи: *сатьяюга, третаюга, двапараюга* и *калиюга*. Сейчас мы живем в период *калиюги*, в темный век материализма. Первая эпоха – *сатьяюга*, время, когда существуют только истина и правда. Пройдя следующие две эпохи, *трета-* и *двапараюгу*, человечество достигло последней, *калиюги*, которая должна перейти в новую *сатьяюгу*. Однако за время нашего прохождения через *трета-* и *двапараюгу* мы потеряли много прекрасных качеств, таких как правдивость, сострадание, любовь и т.д. Век истины и правды был вершиной. *Трета-* и *двапараюга* были серединой, когда мы всё же сохраняли немного *дхармы* [праведности] и *сатьи* [истины]. В настоящий момент мы достигли другой вершины, вершины *адхармы* [неправедности] и *асатьи* [лжи]. Одни лишь уроки смирения помогут человечеству осознать ту тьму, которая окружает его сейчас. Это подготовит его к тому, чтобы подняться на вершину света и истины. Будем надеяться и молиться, чтобы люди всех вероисповеданий и культурных традиций во всем мире усвоили эти уроки, что так необходимо в эту эпоху.

Короткий путь к просветлению

Искатель: В сегодняшнем мире люди ищут короткие пути ко всем достижениям. Существует ли короткий путь к Самореализации?

Амма: Это всё равно что спросить: «Существует ли короткий путь к самому себе?» Самореализация – это путь к твоему собственному «Я». Это так же просто, как включить свет. Однако ты должен знать, на какой переключатель нажимать и как, потому что этот переключатель спрятан внутри тебя самого. Его не найти нигде вовне. В этом-то тебе и понадобится помощь Божественного Учителя.

Дверь всегда открыта. Нужно лишь шагнуть в нее.

Духовный рост

Искатель: Амма, я занимаюсь медитацией уже много лет. Однако мне кажется, что я не расту духовно. Может быть, я делаю что-то не так? Как ты думаешь, я занимаюсь правильными духовными практиками?

Амма: Во-первых, Амма хочет знать, почему ты считаешь, что не растешь духовно? Каков твой критерий духовного роста?

Искатель: У меня никогда не было никаких видений.

Амма: Каких видений ты ждешь?

Искатель: Я никогда не видел Божественного голубого света.

Амма: Откуда эта мысль о голубом свете?

Искатель: Мне рассказал о нем один из друзей. Я также читал о нем в книгах.

Амма: Сын, следует избегать ненужных идей о *садхане* [духовной практике] и духовном росте. Вот в чем твоя ошибка. Твои представления о духовности сами по себе могут стать препятствием на пути. Ты совершаешь правильную *садхану*, но твое отношение неверно. Ты ждешь, что тебе явится Божественный голубой свет. Странно: ты не имеешь абсолютно никакого понятия о том, что такое Божественный свет, однако думаешь, что он голубой. Кто знает, может быть, он уже являлся, но ты ожидал определенного Божественного голубого света. А что, если Божественное решило проявиться как красный или зеленый свет? Тогда ты, быть может, не заметил его.

Один сын как-то сказал Амме, что ждал появления зеленого света в своих медитациях. Амма посоветовала ему быть осторожным за рулем, потому что он мог поехать на красный свет, думая, что это зеленый. Подобные представления о духовности очень опасны.

Сын, цель всех духовных практик – ощущение покоя в любой ситуации. Всё остальное, будь то свет, звук или форма, приходит и уходит. Даже если у тебя возникнут какие-то видения, они будут временными. Единственный постоянный опыт – это абсолютный покой. Покой и умственное равновесие – вот истинный плод духовной жизни.

Искатель: Амма, значит, желать таких опытов неправильно?

Амма: Амма не сказала бы, что это неправильно. Тем не менее не следует придавать им слишком большого значения, так как это может значительно замедлить духовное развитие. Если они появляются, пусть. Такое отношение будет правильным.

На начальных этапах духовной жизни у искателя истины будет много неправильных представлений и ошибочных понятий из-за перевозбуждения и низкого уровня осознания. Например, некоторые люди жаждут видений богов и богинь. Некоторые стремятся увидеть различные цвета. Многих привлекают красивые звуки. А сколько людей растрачивают жизнь в погоне за *сиддхами* [йогическими силами]! Есть и такие, кто стремится достигнуть моментального *самадхи* [состояния пребывания в высшем «Я»] и *мокши* [освобождения]. Люди также слышали много историй о пробуждении *кундалини* [духовной энергии, спящей в основании позвоночника]. Настоящий искатель истины никогда не увлечется этими идеями. Они могут замедлить наш духовный рост. Вот почему так важно с самого начала иметь ясное понимание и здоровый, разумный подход к духовной жизни. Если слушать всякого, кто называет себя духовным учителем, и читать книги без разбора, это лишь усилит заблуждение.

Ум человека, достигшего Самореализации

Искатель: Как описать ум человека, достигшего Самореализации?

Амма: Это ум без ума.

Искатель: Это означает отсутствие ума?

Амма: Это означает широту.

Искатель: Но люди, достигшие Самореализации, тоже взаи-
модействуют с миром. Как им это удается без участия ума?

Амма: Конечно, они используют ум для взаимодействия с миром. Однако существует большая разница между умом обычного человека, полным всевозможных мыслей, и умом Махатмы [Великой Души]. Махатмы – те, кто используют ум, а мы – те, *кого* использует ум. Махатмы не расчетливы, а непосредственны. Непосредственность – природа сердца. Человек, чрезмерно отождествляющий себя с умом, не может быть непосредственным.

Искатель: Большинство людей, живущих в миру, отождествляют себя с умом. Ты хочешь сказать, что все они по натуре расчетливы?

Амма: Нет, люди часто отождествляют себя с сердцем и его позитивными чувствами. Когда они проявляют доброту, сострадание и думают о других, то пребывают больше в сердце, чем в уме. Но всегда ли они так себя ведут? Нет, гораздо чаще люди отождествляют себя с умом. Вот что имела в виду Амма.

Искатель: Если каждый из нас потенциально способен оставаться настроенным на позитивный лад сердца, то почему мы не проявляем эту способность чаще?

Амма: Потому что в том состоянии, в котором вы сейчас находитесь, ум сильнее. Для того чтобы оставаться настроенными на позитивный лад сердца, вам нужно укрепить связь с тишиной вашего духовного сердца и ослабить связь с помехами, возникающими в вашем шумном уме.

Искатель: Что позволяет человеку быть непосредственным и открытым?

Амма: Уменьшение вмешательства эго.

Искатель: Что происходит при уменьшении вмешательства эго?

Амма: Вас переполняет сильное чувство, исходящее из глубины вашего существа. Хотя вы подготовили для этого почву, это происходит без всякого расчетливого шага или усилия с вашей стороны. Тогда действие или что бы то ни было становится прекрасным и приносит удовлетворение. То, что вы сделаете в этот момент, также произведет сильное впечатление на других людей. В такие мгновения вами в большей степени руководит сердце. В это время вы становитесь ближе к своему истинному «Я».

В действительности такие моменты рождаются из запредельного – того, что находится за пределами ума и интеллекта. Вы внезапно настраиваетесь на Бесконечность и подсоединяетесь к источнику вселенской энергии.

Совершенные Учителя всегда пребывают в этом состоянии непосредственности и создают условия для того, чтобы и другие достигли этого состояния.

Расстояние между Аммой и нами

Искательница: Амма, каково расстояние между нами и тобой?

Амма: Ничто и бесконечность.

Искательница: Ничто и бесконечность?

Амма: Да, между тобой и Аммой нет абсолютно никакого расстояния. В то же время, это расстояние бесконечно.

Искательница: Это звучит как противоречие.

Амма: Это кажется противоречием вследствие ограниченности ума. Так будет продолжаться, пока ты не достигнешь высшего состояния Реализации. Никакое объяснение, каким бы умным или логичным оно ни было, не устранит это противоречие.

Искательница: Я сознаю, что мой ум ограничен. И всё же я не понимаю, почему объяснение должно быть таким парадоксальным и неясным. Как что-то может быть ничем и бесконечностью одновременно?

Амма: Во-первых, дочь моя, ты не осознаёшь ограниченности своего ума. Для того чтобы по-настоящему осознать малость ума, необходимо осознать величие Бога, Божественного. Ум – это большая обуза. Как только ты по-настоящему это поймешь, ты осознаешь, насколько бесполезно носить огромный груз, называемый умом. Ты не сможешь его больше носить. Это осознание поможет тебе сбросить его.

Дочь моя, пока ты пребываешь в неведении относительно внутренней божественности, расстояние бесконечно. Но как только наступит просветление, ты осознаешь, что расстояния никогда не было.

Искательница: Интеллектом невозможно постичь весь этот процесс.

Амма: Это хороший знак. По крайней мере, ты согласна с тем, что интеллект не может постичь так называемый процесс.

Искательница: Означает ли это, что никакого процесса нет?

Амма: Абсолютно верно. Предположим, человек родился слепым. Знает ли он что-нибудь о свете? Нет, бедняге знакома лишь тьма – мир, совершенно отличный от мира тех, кому посчастливилось быть зрячими.

Врач говорит ему: «Твое зрение восстановится, если ты сделаешь операцию. Необходимо сделать коррекцию».

Если человек согласится на операцию, как советует врач, тьма вскоре исчезнет и появится свет, не так ли? Откуда проистекает свет, извне? Нет, зрящий всегда находился внутри человека. Так же точно, когда ты поправишь свое внутреннее зрение при помощи духовных практик, внутри загорится уже ожидающий тебя свет чистого знания.

Методы Аммы

Методы Аммы уникальны. Она преподает уроки, когда их не ждешь, и каждый из них неповторим.

Во время утреннего *даршана* одна участница ретрита[3] привела с собой женщину, которая не была зарегистрирована. Я заметил новенькую и сообщил о ней Амме. Но Амма не обратила на мои слова никакого внимания и продолжала давать *даршан*.

Я подумал: «Ладно, Амма сейчас занята. Всё же я буду приглядывать за "незваной гостьей"». Итак, хотя моей основной *севой* [бескорыстным служением] был перевод вопросов Амме, в качестве дополнительной *севы* я стал наблюдать

---

[3] В дополнение к публичным программам, для участия в которых не требуется регистрация, Амма иногда проводит ретриты – программы, включающие занятия медитацией, беседы с Аммой в форме вопросов и ответов и другие виды деятельности. Для участия в ретрите необходимо зарегистрироваться.

за каждым движением не зарегистрированной дамы. Она неотступно следовала за преданной, которая ее привела, а я пристально следил за ними, куда бы они ни пошли. Время от времени я докладывал об их перемещениях Амме. Хотя Амма не слушала меня, я считал это своим долгом.

Как только обе женщины встали в очередь для людей с особыми потребностями, я с горячностью сообщил об этом Амме. Однако Амма продолжала давать *даршан*.

Тем временем ко мне подошли несколько преданных. Указывая на «незваную гостью», один из них сказал: «Видите ту женщину? Она очень странная. Я слышал, что она говорит. Она очень негативно настроена. Думаю, не стоит разрешать ей оставаться в зале».

Другой преданный решительно выступил вперед: «Спросите Амму, что нам делать – выпроводить ее?»

Мне стоило большого труда привлечь внимание Аммы. Наконец Амма посмотрела на меня и спросила: «Где она?»

Мы возликовали. Нам – по крайней мере мне – подумалось, что вскоре Амма произнесет заветные слова, которых мы с нетерпением ждали: «Уведите ее».

Услышав вопрос Аммы: «Где она?», – мы все трое указали на место, где сидела не зарегистрированная дама. Амма посмотрела на нее. Мы с волнением ожидали окончательного приговора. Амма повернулась к нам и сказала: «Позовите ее». Едва не спотыкаясь друг о друга, мы бросились звать женщину.

Как только она приблизилась к креслу Аммы, та распахнула объятия и с милостивой улыбкой сказала: «Иди ко мне, дочка». Незнакомка сразу же упала в объятия Аммы. Мы стали свидетелями одного из самых прекрасных *даршанов*. Амма нежно положила голову женщины к себе на плечо и стала ласково поглаживать ее по спине. Затем, взяв ее голову в обе ладони, Амма пристально посмотрела ей в глаза.

По щекам женщины текли слезы, а Амма сострадательно вытирала их.

Не в силах сдержать слез, мы с моими двумя «коллегами» стояли за креслом Аммы, смягчившиеся и умиротворенные. Как только та дама ушла, Амма взглянула на меня и с улыбкой сказала: «Сегодня утром ты потратил впустую столько энергии!»

С благоговейным трепетом смотрел я на миниатюрную фигуру Аммы, которая продолжала дарить благословение и блаженство своим детям. Не в состоянии произнести в ответ ни слова, в тот момент я вспомнил прекрасное изречение Аммы: «Амма подобна реке. Она просто течет. Одни совершают омовение в этой реке. Другие утоляют жажду, испив из нее воды. Кто-то приходит искупаться и наслаждается ее водой. Есть и такие, кто плюет в нее. Что бы ни случилось, река принимает всё. Она безмятежно течет, обнимая всё, что встречается на ее пути».

Вот так я пережил еще один удивительный момент в присутствии Аммы, высшего Учителя.

Новой истины нет

Искатель: Амма, как ты думаешь, чтобы человечество пробудилось, ему нужна новая истина?

Амма: Человечеству не нужна новая истина. Людям нужно увидеть Истину, которая уже существует. Есть только одна Истина. Она всегда сияет внутри каждого из нас. Эта одна единственная Истина не может быть ни новой, ни старой. Она всегда та же самая, неизменная и всегда новая. Вопрос о новой истине подобен вопросу школьника к учительнице: «Мисс, Вы так долго говорили нам, что 2+2=4. Это утверждение устарело. Не могли бы Вы сказать нам что-нибудь новенькое, например, что 2+2=5, а не 4?» Истину нельзя изменить. Она всегда была и остаётся той же самой.

В этом новом тысячелетии мы станем свидетелями большого духовного пробуждения как на Востоке, так и на Западе. В нынешнюю эпоху это является насущной потребностью. Научные знания, которые накопило человечество и объем которых постоянно растет, должны вести нас к Богу.

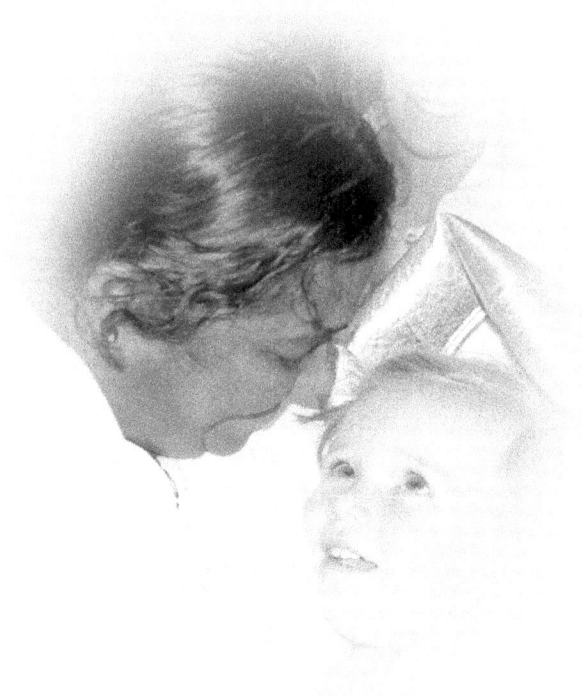

Истина

Искательница: Амма, что такое истина?

Амма: Истина – это то, что вечно и неизменно.

Искательница: Является ли правдивость Истиной?

Амма: Правдивость – это только качество, а не Истина, высшая Реальность.

Искательница: Разве это качество не является частью Истины, высшей Реальности?

Амма: Всё является частью Истины, высшей Реальности, и правдивость тоже.

Искательница: Если всё является частью высшей Реальности, то не только хорошие, но и плохие качества – тоже ее часть?

Амма: Да, но, дочь моя, ты всё еще находишься на земле и пока не достигла таких высот.

Предположим, ты собираешься впервые совершить полет на самолете. Пока ты не окажешься на его борту, у тебя не будет ни малейшего представления о полетах. Ты оглядываешься по сторонам и видишь людей: они разговаривают, шумят. Ты видишь здания, деревья, двигающиеся машины, слышишь детский плач и т.д. Спустя некоторое время ты садишься в самолет. Затем самолет поднимается в воздух и медленно набирает высоту. В этот момент ты смотришь вниз и видишь, как объекты становятся всё меньше и меньше, постепенно сливаясь в одно целое. В конце концов, всё исчезает, и вокруг тебя – беспредельное пространство.

Дитя мое, ты всё еще находишься на земле и пока не села в самолет. Ты должна принимать, усваивать и претворять в жизнь хорошие качества и отвергать плохие. Только достигнув высот Реализации, ты сможешь воспринимать всё как Единое Целое.

Совет в одном предложении

Искатель: Амма, ты можешь дать мне совет в одном предложении, чтобы я мог обрести умственный покой?

Амма: Навсегда или на время?

Искатель: Конечно, навсегда.

Амма: Тогда найди свое высшее «Я» [*Атман*].

Искатель: Это слишком сложно для понимания.

Амма: Хорошо, тогда люби всех.

Искатель: Это два разных ответа?

Амма: Нет, только слова разные. Найти свое высшее «Я» и любить всех одинаково – это, по сути, одно и то же; одно связано с другим. (*Смеется.*) Сын, это уже больше, чем одно предложение.

Искатель: Прости, Амма, я глуп.

Амма: Ничего, не беспокойся. Ты хочешь продолжить?

Искатель: Да, Амма. Покой, любовь и истинное счастье развиваются в процессе нашей *садханы* [духовной практики] или являются лишь ее конечным результатом?

Амма: И то, и другое. Однако лишь тогда, когда мы вновь обретем внутреннее «Я», круг замкнется и наступит состояние совершенного покоя.

Искатель: Что ты подразумеваешь под «кругом»?

Амма: Круг нашего внутреннего и внешнего бытия, состояние совершенства.

Искатель: Но в Писаниях говорится, что он уже замкнут, этот круг. Если это уже круг, то зачем его замыкать?

Амма: Конечно, это совершенный круг. Но большинство людей этого не осознают. Для них в нем существуют пробел, который необходимо заполнить. Именно пытаясь заполнить этот пробел, каждый человек бегает по кругу ради удовлетворения разных нужд, потребностей и желаний.

Искатель: Амма, я слышал, что для человека, достигшего высшей Реализации, не существует таких категорий, как внешнее и внутреннее бытие.

Амма: Да, но это доступно только тому, кто утвердился в этом состоянии.

Искатель: Может ли интеллектуальное понимание этого состояния быть полезным?

Амма: Полезным для чего?

Искатель: Для того чтобы уловить проблеск этого состояния.

Амма: Нет, интеллектуальное понимание лишь принесет интеллектуальное удовлетворение. И то лишь на время. Тебе может показаться, что ты понял, но вскоре у тебя вновь возникнут сомнения и вопросы. Твое понимание основывается лишь на ограниченных словах и объяснениях, – они не могут дать тебе опытного переживания безграничного.

Искатель: Так какой же путь наилучший?

Амма: Усердно трудись, пока не наступит самоотдача.

Искатель: Что значит «усердно трудись?»

Амма: Амма хочет сказать: терпеливо совершай *тапас* [аскезу]. Только совершая *тапас*, ты сможешь пребывать в настоящем.

Искатель: *Тапас* означает непрерывно сидеть по много часов в медитации?

Амма: Это только его часть. Настоящий *тапас* означает мыслить и совершать каждое действие так, чтобы это помогало нам стать едиными с Богом, или высшим «Я».

Искатель: А можно поконкретнее?

Амма: Это значит посвятить свою жизнь цели Богореализации.

Искатель: Я немного запутался.

Амма (*с улыбкой*): Не немного – ты очень запутался.

Искатель: Ты права. Но почему?

Амма: Потому что ты слишком много думаешь о духовности и состоянии за пределами ума. Перестань думать и используй эту энергию для того, чтобы сделать то, что в твоих силах. Это даст тебе опытное переживание – или, по крайней мере, позволит уловить проблеск – той Реальности.

Необходим распорядок

Искательница: Амма, ты говоришь, что у человека должен быть распорядок дня, который необходимо соблюдать, насколько это возможно. Но у меня маленький ребенок. Что делать, если ребенок заплачет, когда я соберусь медитировать?

Амма: Очень просто. Сначала успокой ребенка, а потом медитируй. Если ты начнешь медитировать, не обращая внимания на ребенка, то ты будешь медитировать на него, а не на свое высшее «Я», или Бога.

Соблюдение распорядка дня на начальных этапах, несомненно, полезно. Более того, настоящий *садхак* [духовный искатель] должен контролировать себя постоянно, и днем и ночью.

У некоторых людей есть привычка пить кофе, как только они встанут с постели. Если в какой-то день они не выпьют чашку кофе вовремя, то будут плохо себя чувствовать. Это может даже испортить им весь день: у них может заболеть живот, начаться запор или мигрень. Медитация, молитва и повторение *мантры* [священной формулы] должны стать такой же неотъемлемой частью жизни *садхака*. Если ты когда-нибудь пропустишь их, то должна ощутить сильный дискомфорт. Вследствие этого должно возникнуть непреодолимое желание никогда не пропускать эти занятия.

Собственные усилия

Искатель: Амма, некоторые люди утверждают, что, раз наша истинная природа Атман, нам не обязательно заниматься духовной практикой. Они говорят: «Я – То, т.е. абсолютное сознание, так зачем мне совершать садхану [духовную практику], если я уже являюсь Тем?» Как ты думаешь, можно ли доверять таким людям?

Амма: Амма не хочет говорить, можно или нельзя доверять таким людям. Однако Амма считает, что они либо притворяются, либо пребывают в глубоком заблуждении, либо ленивы. Интересно, скажут ли они: «Мне не нужно есть и пить, потому что я не являюсь телом?»

Предположим, они пришли в столовую, где на столе красиво расставлены тарелки, но вместо обильных яств на них лежат кусочки бумаги с надписью «рис», «овощи», «сладкий пудинг» и т.д. Захотят ли эти люди представить себе, что досыта наелись и больше не испытывают голода?

Внутри семечка дремлет дерево. Но что будет, если семечко эгоистично решит: «Я не желаю кланяться земле. Я – дерево. Мне не нужно погружаться в эту грязную землю». Если оно будет так себя вести, то никогда не прорастет и не станет деревом, которое дает тень и приносит плоды людям. Благодаря одному лишь убеждению семечка, что оно дерево, ничего не произойдет. Оно по-прежнему останется семечком. Поэтому будь семечком, но имей желание упасть на землю и погрузиться в почву. Тогда земля позаботится о семечке.

Милость

Искатель: Амма, правда ли, что милость Бога – это абсолютный решающий фактор?

Амма: Милость – это тот фактор, который обусловливает правильный результат, в правильное время и в правильном соотношении с твоими действиями.

Искатель: Даже если полностью отдаешь себя работе, результат будет зависеть от того, сколько ты имеешь милости Божьей?

Амма: Самоотдача – это самое важное. Чем более ты предан делу, тем более открытым ты остаешься. Чем более ты открыт, тем больше любви ты ощущаешь. Чем больше любви, тем больше милости.

Милость – это открытость. Это та сила духа и интуиция, которую ты можешь испытать, когда делаешь дело. Оставаясь открытым в определенной ситуации, ты освобождаешься от своего эго и узости взглядов. В результате твой ум становится более чистым «каналом», по которому может течь *шакти* [Божественная энергия]. Это течение *шакти* и ее выражение через наши действия и есть милость.

Кто-то может быть прекрасным певцом. Но во время выступления он должен позволить, чтобы через него текла *шакти* музыки. Это приносит милость и помогает певцу воодушевить слушателей.

Искатель: Где источник милости?

Амма: Истинный источник милости находится внутри. Но пока ты этого не осознал, будет казаться, что он находится где-то далеко, в запредельном.

Искатель: В запредельном?..

Амма: «В запредельном» означает источник, который неведом тебе в твоем нынешнем ментальном состоянии. Когда певец поет от всего сердца, он соприкасается с Божественным, с запредельностью. Откуда приходит проникновенная музыка? Ты можешь ответить, что из сердца или горла. Но если заглянуть внутрь, разве ты ее там увидишь? Нет. Она приходит из запредельного. На самом деле ее источник – божественность. Когда ты достигнешь высшей Реализации, ты найдешь этот источник внутри себя.

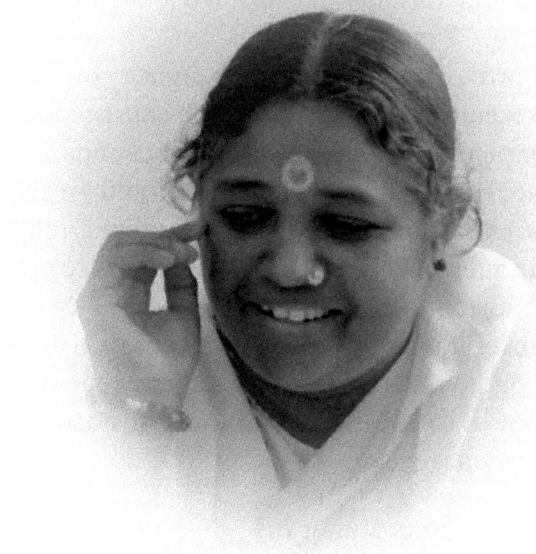

Санньяса: вне категорий

Искатель: Что значит быть настоящим санньясином [монахом]?

Амма: Настоящий *санньясин* – это тот, кто вышел за пределы всех ограничений, созданных умом. Сейчас мы загипнотизированы умом. В состоянии *санньясы* мы полностью освободимся от этого гипноза. Мы как бы очнемся от сна – как пьяный выходит из состояния опьянения.

Искатель: *Санньяса* – это также достижение божественности?

Амма: Амма скорее сказала бы: *санньяса* – это состояние, когда человек способен видеть во всём сущем Бога и поклоняться ему как Богу.

Искатель: Является ли смирение признаком истинного *санньясина*?

Амма: Истинные *санньясины* – вне категорий. Они за пределами категорий. Если ты скажешь о каком-то человеке, что он скромный и смиренный, всё же ты будешь говорить о «ком-то», кто ощущает себя скромным и смиренным. В состоянии *санньясы* этот «кто-то», то есть эго, исчезает. Обычно смирение противоположно высокомерию. Любовь – противоположность ненависти. Однако настоящий *санньясин* – не смиренный и не высокомерный, он – не любовь и не ненависть. Тот, кто достиг *санньясы*, находится за пределами всего. Ему больше нечего приобретать или терять. Когда мы называем настоящего *санньясина* «смиренным», это означает не только отсутствие высокомерия, но и отсутствие эго.

Как-то у Махатмы спросили:
– Кто ты?
– Меня нет, – ответил он.
– Ты Бог?
– Нет.
– Ты святой или мудрец?
– Нет.
– Ты атеист?
– Нет.
– Тогда кто ты?
– Я есть то, что я есть. Я чистое осознание.

Санньяса – это состояние чистого осознания.

Божественная игра в воздухе

Сцена 1. Самолет авиакомпании Air India, совершающий рейс в Дубай, только что поднялся в воздух. Бортпроводники готовятся разносить напитки. Неожиданно все пассажиры один за другим поднимаются со своих мест и направляются к салону бизнес-класса. Не понимая, что происходит, встревоженные бортпроводники просят всех занять места. Обнаружив, что никто не обращает на их слова никакого внимания, они умоляют пассажиров не ходить, пока не закончится раздача еды.

– Мы хотим получить *даршан* Аммы! – кричат пассажиры.

– Мы понимаем, – отвечают стюардессы, – но, пожалуйста, потерпите, пока мы не закончим обслуживание.

В конце концов пассажиры внимают просьбам бортпроводников и возвращаются на свои места.

Сцена 2. Раздача еды закончена. Бортпроводники временно превращаются в контролеров очереди, которая медленно движется к креслу Аммы, чтобы получить *даршан*. Так как всё произошло спонтанно, никаких номерков раздать не удалось. Тем не менее экипаж превосходно справляется со своей задачей.

Сцена 3. Получив *даршан* Аммы, пассажиры, счастливые и умиротворенные, возвращаются на свои места. Теперь в очередь выстраивается весь экипаж, включая капитана и его помощника. Конечно, всё это время они ждали, когда придет их черед. Каждый получает материнское объятие. Кроме того, Амма шепчет им на ухо слова любви и благословения, дарит незабываемую лучезарную улыбку и конфету-*прасад* [благословленный дар].

Сцена 4. То же самое повторяется на обратном пути.

Сочувствие и сострадание

Искатель: Амма, что такое подлинное сострадание?

Амма: Подлинное сострадание – это способность видеть и знать то, что находится за пределами. Только те, кто обладают таким ви́дением, могут оказать настоящую помощь и поддержку другим людям.

Искатель: За пределами чего?

Амма: За пределами тела и ума, за пределами внешности.

Искатель: Так в чем же различие между сочувствием и состраданием?

Амма: Сострадание – это настоящая помощь, которую ты получаешь от истинного Учителя. Учитель видит то, что находится за пределами. А сочувствие – это временная помощь, которую ты получаешь от окружающих. Сочувствие не может проникнуть вглубь и выйти за пределы. Сострадание

– это правильное понимание, основанное на более глубоком знании человека, ситуации, в которой он находится, и его истинных нужд. Сочувствие более поверхностно.

Искатель: Как отличить одно от другого?

Амма: Это непросто. Тем не менее Амма приведет пример. Зачастую хирурги просят пациентов встать с постели и начать ходить на второй или третий день после операции, даже серьезной. Если пациент не делает этого, хороший врач, знающий о возможных последствиях, всегда заставит его встать и начать ходить. Видя боль и мучения больного, его родственники могут сказать: «Какой этот врач жестокий! Зачем он заставляет его ходить, если он не хочет? Это уже слишком».

В этом случае отношение родственников можно назвать сочувствием, а отношение врача – состраданием. Кто по-настоящему помогает больному – врач или родственники? Если пациент подумает: «Да ну этого врача. Кто он такой, чтобы мне указывать?! Что он обо мне знает? Пусть говорит, что хочет, я не буду его слушать», – такое отношение ему не поможет.

Искатель: Может ли сочувствие навредить человеку?

Амма: Если мы будем неосторожны и станем проявлять сочувствие, не понимая нюансов ситуации и особенностей умственного склада человека, то это может оказаться вредным. Опасно, когда люди придают слишком большое значение сочувственным словам. Это может даже превратиться в зависимость. Человек может постепенно лишиться способности к различению, создав вокруг себя маленький мирок-кокон. Возможно, он будет чувствовать утешение, но не будет предпринимать попыток решить свою проблему.

Сам того не сознавая, он может всё глубже и глубже погружаться во тьму.

Искатель: Амма, что ты имеешь в виду, говоря «мирок-кокон»?

Амма: Амма хочет сказать, что ты потеряешь способность заглядывать вглубь себя, видеть, что происходит на самом деле. Ты станешь придавать слишком большое значение словам других людей и слепо им верить, не используя свою способность к различению.

Сочувствие – это поверхностная любовь, не ведающая глубинной причины проблемы. А сострадание – это любовь, которая видит истинный источник проблемы и должным образом решает ее.

Настоящая любовь – это состояние полного бесстрашия

Искатель: Амма, что такое настоящая любовь?

Амма: Настоящая любовь – это состояние полного бесстрашия. Страх неразрывно связан с умом. Поэтому страх несовместим с подлинной любовью. По мере того как любовь становится сильнее, страх постепенно ослабевает.

Страх может существовать только тогда, когда человек отождествляет себя с телом и умом. Когда он преодолевает слабости ума и начинает жить в любви, то достигает состояния Бога. Чем больше в тебе любви, тем больше в тебе проявляется божественности. Чем меньше любви, тем больше страха, тем дальше ты от жизненного центра. Бесстрашие – поистине одно из самых великих качеств человека, который любит по-настоящему.

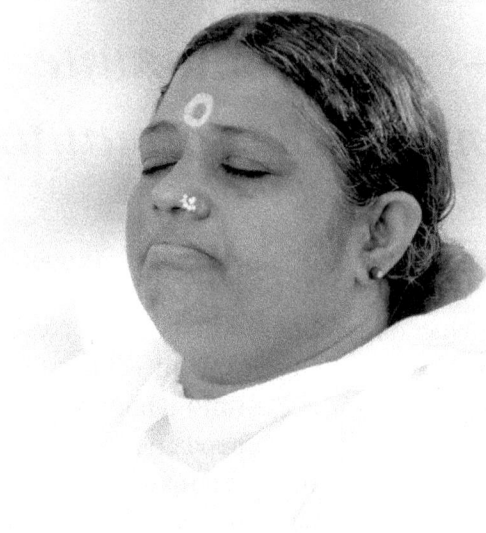

Что делать и чего не делать

Искатель: Амма, в духовной жизни считается важным воспитание чистоты и других нравственных качеств. Однако некоторые гуру – например, представители философии нью-эйдж – говорят, что это не обязательно. Что ты думаешь по этому поводу?

Амма: Абсолютно верно, что нравственные ценности играют важную роль в духовной жизни. Каждый путь, духовный или материальный, подразумевает определенные правила: что можно делать, а чего нельзя. Если не следовать этим предписаниям, будет трудно добиться желаемого результата. Чем выше цель, тем тяжелее дорога к ней. Духовная Реализация – это самое высокое из всех переживаний, поэтому правила и предписания, которые необходимо соблюдать, чтобы ее достичь, очень строги.

Больной не может есть и пить всё, что пожелает. В зависимости от болезни, ему необходимо соблюдать различные ограничения в еде и движениях. Если он не будет соблюдать ограничений, то это может повлиять на процесс выздоровления. Его состояние может ухудшиться, если он не будет выполнять предписания врача. Разумно ли поступит пациент, если начнет задавать вопросы: «Неужели я действительно должен следовать этим правилам и предписаниям?»

Некоторые музыканты занимаются по 18 часов в день, чтобы достичь совершенства в игре на своем инструменте. Каким бы ни был круг твоих интересов, – будь то духовность, наука, политика, спорт или искусство, – успех и развитие в этой области зависят только от твоего отношения к делу, количества времени, затраченного на достижение цели, и того, насколько ты соблюдаешь основополагающие принципы.

Искатель: Так является ли чистота основополагающим качеством, необходимым для достижения Цели?

Амма: Это может быть чистота. Это может быть любовь, сострадание, прощение, терпение или упорство. Выбери одно качество и развивай его с полной верой и оптимизмом, – все остальные качества последуют за ним сами собой. Цель состоит в том, чтобы выйти за пределы ограничений ума.

Амма – дар миру

Искатель: Амма, чего ты ожидаешь от своих учеников?

Амма: Амма ни от кого ничего не ожидает. Амма отдала себя миру. Когда ты приносишь себя в дар, что и от кого ты можешь ожидать? Все ожидания возникают из эго.

Искатель: Но Амма, ты очень много говоришь о предании себя воле Гуру. Разве это не является ожиданием?

Амма: Верно, Амма говорит об этом, но не вследствие ожидания, что ее дети предадут себя ее воле, а потому что суть духовной жизни – в самоотдаче. Гуру отдает всё, что имеет, своим ученикам. *Садгуру* [истинный Учитель] обладает полной самоотдачей, и именно этому учит само его присутствие. Это происходит непроизвольно. В зависимости от зрелости и уровня понимания учеников они принимают или отвергают это. Независимо от отношения ученика *Садгуру* будет продолжать отдавать. Он не может иначе.

Искатель: Что происходит, когда ученик предает себя *Садгуру*?

Амма: Подобно огню, зажженному от основного светильника, ученик тоже становится светочем, указывающим путь миру. Ученик тоже становится Учителем.

Искатель: Что больше помогает в этом процессе: форма Учителя или его аспект, не имеющий формы?

Амма: И то, и другое. Не имеющее формы сознание вдохновляет ученика с помощью формы *Садгуру*, проявляясь как чистая любовь, сострадание и самоотдача.

Искатель: Ученик предает себя форме Учителя или не имеющему формы сознанию?

Амма: Сначала происходит предание себя физической форме. А на завершающем этапе – предание себя не имеющему формы сознанию, когда ученик познаёт свое истинное «Я». Однако даже на начальных этапах *садханы* [духовной практики], когда ученик предает себя форме Учителя, на самом деле он предает себя не имеющему формы сознанию, только не осознаёт этого.

Искатель: Почему?

Амма: Потому что ученикам ве́домо только тело; сознание им абсолютно неведомо.

Истинный ученик будет всегда поклоняться форме Гуру, выражая тем самым благодарность Гуру, который дарит ему свою милость и указывает путь.

Форма Садгуру

Искатель: Ты можешь дать простое объяснение природы физической формы Садгуру [истинного Учителя]?

Амма: *Садгуру* имеет форму и в то же время не имеет ее, как шоколад. Когда ты кладешь его в рот, он тает и теряет форму, становясь частью тебя. Подобным образом, когда ты по-настоящему впитаешь наставления Учителя и сделаешь их частью своей жизни, ты поймешь, что Учитель – это не имеющее формы высшее сознание.

Искатель: Так значит, нам надо съесть Амму?

Амма: Да, съешь Амму, если можешь. Она очень хочет стать пищей для твоей души.

Искатель: Амма, спасибо за пример с шоколадом. Мне очень легко его понять, потому что я люблю шоколад.

Амма (*смеется*): Смотри не пристрастись к нему, а то испортишь зубы.

Совершенные ученики

Искатель: Что приобретает человек, становясь совершенным учеником?

Амма: Он становится совершенным Учителем.

Искатель: Как ты можешь описать себя?

Амма: Определенно, не как нечто.

Искатель: Как же тогда?

Амма: Как ничто.

Искатель: Это значит – как всё?

Амма: Это значит, что она всегда есть и доступна для каждого.

Искатель: «Каждый» означает всех тех, кто приходит к тебе?

Амма: «Каждый» – это любой, кто открыт.

Искатель: Значит ли это, что Амма не доступна для тех, кто не открыт?

Амма: Физическая форма Аммы доступна для каждого, независимо от того, принимают ее или нет. Но опытное переживание могут получить только те, кто открыт. Цветок перед вами, но красоту и аромат его познáют только те, кто открыт. Человек, у которого заложен нос, не сможет этого сделать. Аналогично, закрытые сердца не могут испытать того, что дает Амма.

Веданта и творение

Искатель: Амма, существуют противоречащие друг другу теории относительно Творения. Те, кто следуют путем преданности Богу, говорят, что мир сотворен Богом, а ведантисты [здесь – недуалисты] полагают, что всё – порождение ума, а потому существует лишь, пока существует ум. Какая из этих точек зрения истинна?

Амма: Обе точки зрения верны. Для преданного Всевышний – Творец мира, а для ведантиста Брахман – основополагающий принцип, являющийся основой изменяющегося мира. Для ведантиста мир – проекция ума, а для преданного – *лила* [игра] его возлюбленного Господа. Может показаться, что это два абсолютно разных представления, но при более глубоком рассмотрении ты обнаружишь, что в основе своей они тождественны.

Имя и форма связаны с умом. Когда ум прекращает свое существование, имя и форма тоже исчезают. Мир, или Творение, состоит из имен и форм. Бог, или Творец, имеет значение только пока существует Творение. Даже у Бога есть имя и форма. Для того чтобы появился мир имен и форм, необходима соответствующая причина, – эту причину мы называем Богом.

Истинная Веданта – это высшая форма знания. Амма не говорит о Веданте как духовных текстах или Веданте, о которой говорят так называемые ведантисты. Амма говорит о Веданте как высшем опыте, образе жизни, умственном равновесии во всех жизненных ситуациях.

Однако достичь этого нелегко. Если не произойдет трансформация, данный опыт невозможен. Ум обретает утонченность, широту и силу в результате революционного изменения на интеллектуальном и эмоциональном уровне. Чем более утонченным и широким становится ум, тем более он превращается в «не ум». Постепенно ум исчезает. Когда ума нет, тогда где Бог, где мир, или Творение? Тем не менее это не значит, что ты перестанешь воспринимать мир, просто произойдет трансформация, и ты будешь видеть Единое во множестве.

Искатель: Означает ли это, что в таком состоянии Бог также является иллюзией?

Амма: Да, с высшей точки зрения Бог, имеющий форму, – это иллюзия. Однако всё зависит от глубины внутреннего опыта. Тем не менее, так называемые ведантисты не правы, когда эгоистично заявляют, что формы богов и богинь бессмысленны. Запомни, эго никогда не будет помощником на этом пути. Поможет лишь смирение.

Искатель: Это я понимаю. Но, Амма, ты также сказала, что с высшей точки зрения Бог, имеющий форму, – это иллюзия. Значит, разные формы богов и богинь – всего лишь проекции ума?

Амма: В конечном счете это так. Всё, что подвержено разрушению, не является реальным. Все формы, даже богов и богинь, имеют начало и конец. То, что рождается и умирает, является ментальным, связано с процессом мышления. А всё, что связано с умом, подвержено изменению, потому что существует во времени. Единственная неизменная Истина – то, что остается всегда, основа ума и интеллекта. Это *Атман* [высшее «Я»], высшее состояние бытия.

Искатель: Если даже формы богов и богинь нереальны, то зачем строить храмы и поклоняться им?

Амма: Ты не понимаешь главного. Нельзя просто так убрать богов и богинь. Для людей, которые до сих пор отождествляют себя с умом и которые еще не достигли высшего состояния, эти формы безусловно реальны и крайне необходимы для духовного роста. Они им очень помогают.

Правительство государства имеет разветвленную структуру. Во главе государства стоит президент или премьер-министр, ему подчиняются министры, которым в свою очередь подчиняется множество разных должностных лиц, работающих в различных подразделениях, а на нижних ступенях иерархии находятся вахтеры, дворники и т.д.

Предположим, тебе нужно решить какой-то вопрос. Ты направишься прямо к президенту или премьер-министру, если лично с ними знаком или у тебя есть связи. Это позволит тебе решить свою проблему легко и быстро. Всё, что тебе необходимо, будет немедленно сделано. Но большинство людей не имеют таких связей и влияния. Для того чтобы решить проблему или попасть к высшему начальству, им придется следовать обычной процедуре – обратиться к одному из начальников среднего звена или в нижестоящий департамент, или даже к кому-то из обслуживающего персонала. Аналогично, раз мы находимся на физическом плане существования и отождествляем себя с умом и его мыслительными схемами, нам нужно принимать и признавать разные формы Божественного, пока мы не установим прямую связь с внутренним источником чистой энергии.

Искатель: Но ведантисты обычно не соглашаются с такой точкой зрения.

Амма: О каких ведантистах ты говоришь? Книжный червь, который повторяет Писания, как попугай или магнитофон, может не согласиться, но истинный ведантист определенно будет согласен. Тот, кто не принимает мир и путь любви к Богу, – не настоящий ведантист. Приятие мира и признание множества и в то же время ви́дение одной Истины в многом – вот настоящая Веданта.

Тот, кто считает путь любви чем-то более низким, не является ни ведантистом, ни настоящим духовным искателем. Истинные ведантисты не могут совершать духовную практику без любви.

Форма приведет тебя к тому, что не имеет формы, при условии, что ты будешь совершать духовную практику с правильным отношением. *Сагуна* [форма] – это проявленная *ниргуна* [то, что не имеет формы]. Если человек не понимает этого простого принципа, какой смысл называть себя ведантистом?

Искатель: Амма, ты сказала, что для преданного мир – это *лила* Бога. Что такое *лила*?

Амма: Это выраженное одним словом определение высшей степени непривязанности. Высочайшее состояние *сакши* [свидетеля] без осуществления какого-либо контроля известно как *лила*. Когда мы абсолютно отстраняемся от ума и его разнообразных проекций, как мы можем чувствовать привязанность или осуществлять контроль? Наблюдать за всем, что происходит внутри и снаружи, оставаясь не вовлеченным, – это по-настоящему увлекательная, красивая игра.

Искатель: Мы слышали, что Амма перестала являть Кришна-бхаву[4] из-за того, что пребывала в то время в состоянии *лилы*?

Амма: Это было одной из причин. Кришна обладал непривязанностью. Он принимал во всем живое участие, но оставался полностью отрешенным, внутренне отстраняясь от всего, что происходило вокруг. Вот что означает блаженная улыбка, всегда озарявшая его прекрасный лик.

Во время Кришна-бхавы, хотя Амма и выслушивала проблемы преданных, у нее всегда было более игривое и отстраненное отношение к ним. В этом состоянии не было ни любви, ни отсутствия любви, ни сострадания, ни отсутствия сострадания. Материнская любовь и привязанность, необходимые для участия в чувствах преданных и выражения глубокой заботы, не были проявлены. Это было состояние запредельности. Амма сочла, что этого будет недостаточно, чтобы оказывать помощь преданным. Поэтому она решила любить своих детей и служить им как мать.

---

[4] Сначала Амма являла и Кришна-бхаву [состояние сознания Кришны], и Дэви-бхаву [состояние сознания Божественной Матери], однако с 1983 года она перестала являть Кришна-бхаву.

Ты счастлив?

Искатель: Амма, я слышал, как ты спрашиваешь людей, приходящих на даршан: «Ты счастлив?» Почему ты задаешь им этот вопрос?

Амма: Это как бы приглашение к тому, чтобы они были счастливыми. Если ты счастлив, то ты открыт, и тогда в тебя может проникнуть Божественная любовь, или *шакти* [Божественная энергия]. Амма фактически просит человека быть счастливым, чтобы его могла напитать Божественная *шакти*. Когда ты счастлив, открыт и восприимчив, тебе становится доступно всё больше и больше счастья. Когда ты несчастлив, ты закрыт и теряешь всё. Тот, кто открыт, счастлив. Это позволяет Богу проникнуть внутрь тебя. А когда Бог живет внутри, ты можешь быть только счастливым.

Прекрасный пример

В тот день, когда мы прибыли в Санта-Фе, накрапывал дождик. «Так всегда бывает в Санта-Фе. Когда приезжает Амма, после долгой засухи начинается дождь», – сказал преданный из Центра Аммы штата Нью-Мексико.

Когда мы подъехали к дому преданного, было уже темно. Амма немного замешкалась, выходя из машины. Как только Амма вышла из машины, преданный подал ей сандалии. Затем он направился к передней части машины, собираясь проводить Амму к дому.

Амма сделала несколько шагов в направлении передней части машины, но затем неожиданно развернулась и сказала: «Нет, Амма не хочет идти перед машиной. Это лицо машины. Это будет проявлением неуважения. Амме не хочется этого делать». С этими словами Амма обошла машину сзади и направилась к дому. Это был не единственный случай, когда Амма вела себя подобным образом. Она делает это каждый раз, когда выходит из машины.

Нет лучше примера, показывающего, как сердце Аммы отзывается на всё – даже на неодушевлённые предметы.

Человеческие взаимоотношения

Один молодой человек во время даршана повернулся ко мне и сказал: «Пожалуйста, спросите Амму, как мне отказаться от встреч с девушками и любовных романов?»

Амма *(лукаво улыбаясь):* Что случилось, твоя подружка с кем-то сбежала?

Искатель *(изумленно):* Откуда ты знаешь?

Амма: Очень просто: это одна из жизненных ситуаций, когда у человека появляются подобные мысли.

Искатель: Амма, я ревную мою девушку, потому что она продолжает дружить со своим предыдущим парнем.

Амма: Это и есть причина, по которой ты хочешь прекратить встречаться с девушками и заводить романы?

Искатель: Я попадаю в подобную ситуацию уже не первый раз. Я сыт этим по горло. Хватит. Теперь я хочу успокоиться и сосредоточиться на духовной практике.

Амма ничего больше не сказала. Она продолжала давать даршан. Через некоторое время молодой человек спросил меня: «Может быть, Амма мне что-нибудь посоветует?» Амма услышала, что он обратился ко мне.

Амма: Сын, Амма думала, ты уже решил, что делать. Разве ты не сказал, что сыт всем этим по горло? И что теперь ты хочешь жить спокойной жизнью, сосредоточившись на духовной практике? Это кажется правильным решением. Поэтому так и поступай.

Некоторое время молодой человек молчал, но заметно было, что он нервничает. В какой-то момент Амма взглянула на него. В этом взгляде и улыбке я различил великого Учителя, готового вот-вот извлечь что-то из глубины на поверхность.

Искатель: Это значит, что Амме нечего мне сказать?

Неожиданно бедняга разрыдался.

Амма *(вытирая его слезы)*: А ну-ка, сынок, скажи, что тебя на самом деле беспокоит? Откройся Амме.

Искатель: Амма, я познакомился с ней год назад, придя на встречу с тобой. Когда мы взглянули друг другу в глаза, то поняли, что нам суждено быть вместе. Вот как всё началось. А теперь вдруг между нами встал этот человек – ее бывший парень. Она говорит, что он всего лишь друг, но бывают ситуации, которые заставляют меня сильно усомниться в ее словах.

Амма: Почему ты сомневаешься в ее словах?

Искатель: Вот как обстоит дело: мы оба – я и ее бывший парень – пришли сюда, на встречу с Аммой. Моя девушка проводит больше времени с ним, чем со мной. Меня это очень огорчает. Я не знаю, что делать. Я подавлен. Мне трудно сосредоточить внимание на Амме, хоть именно ради нее я здесь. Я не могу нормально медитировать, почти потерял сон.

Амма *(шутя)*: Знаешь что, может быть, он говорит ей комплименты: «Дорогая, ты самая красивая девушка на свете. С тех пор как я встретил тебя, я даже не могу думать о других женщинах». Может быть, он проявляет по отношению к ней больше любви, давая возможность вволю выговориться, помалкивая, даже когда ему что-то не нравится. А кроме того, наверняка он покупает ей много шоколада! По сравнению с ним ты можешь показаться ей грубияном, который постоянно придирается, ссорится с ней и т.д.

Услышав эти слова, молодой человек и те, кто сидел рядом с Аммой, громко расхохотались. Однако молодой человек честно признался Амме, что данная ему характеристика в целом соответствовала действительности.

Амма *(похлопывая его по спине)*: Ты чувствуешь по отношению к ней сильный гнев и ненависть?

Искатель: Да. Еще больше я злюсь на него. Мой ум так взбудоражен!

Амма потрогала его ладонь. Она была очень горячей.

Амма: Где она сейчас?

Искатель: Где-то здесь.

Амма *(по-английски)*: Иди, поговори с ней.

Искатель: Сейчас?

Амма *(по-английски)*: Да, сейчас.

Искатель: Я не знаю, где она.

Амма *(по-английски)*: Иди, поищи.

Искатель: Хорошо. Но сначала мне придется найти его, потому что как раз там она и будет. Тем не менее, Амма, ответь: стоит ли мне продолжать поддерживать с ней отношения? Ты думаешь, их можно восстановить?

Амма: Сын, Амма знает, что ты до сих пор привязан к ней. Самое главное – убедить себя, что то чувство, которое ты называешь любовью, это не любовь, а привязанность. Только такая уверенность поможет тебе выйти из взбудораженного ментального состояния, в котором ты сейчас пребываешь. Восстановишь ты отношения с этой девушкой или нет, ты всё равно будешь страдать, если не сможешь ясно увидеть грань между привязанностью и любовью.

Амма расскажет тебе историю. Как-то раз в сумасшедший дом приехал высокопоставленный чиновник. Врач начал показывать ему клинику. В одной из палат они увидели человека, который раскачивался в кресле, повторяя: «Пампам… Пампам… Пампам…» Чиновник поинтересовался у врача причиной недуга этого пациента и тем, есть ли какая-то связь между повторяемым именем и болезнью.

Врач ответил: «Это печальная история. Пампам – имя девушки, которую он любил. Она бросила его и убежала с другим. После этого он сошел с ума».

«Бедняга», – сказал чиновник и пошел дальше. К своему удивлению в соседней палате он увидел другого пациента, который непрерывно бился головой о стену, повторяя: «Пампам… Пампам… Пампам…» Повернувшись к доктору, озадаченный чиновник спросил: «Почему этот человек повторяет то же самое имя? Здесь есть какая-то связь?»

«Да, сэр, – ответил врач. – Это тот человек, который в конце концов женился на Пампам».

Молодой человек расхохотался.

Амма: Сын мой, любовь подобна распустившемуся цветку. Ты не можешь заставить цветок раскрыться. Если ты раскроешь его силой, то уничтожишь всю его красоту и благоухание. Это не принесет пользы ни тебе, ни кому-либо другому. Если же ты позволишь цветку раскрыться самому, естественным образом, то сможешь насладиться его прекрасным ароматом и красотой его лепестков. Так что имей терпение, наблюдай за собой. Стань зеркалом и попытайся увидеть, где ты совершил ошибку и как.

Искатель: Я думаю, что мои ревность и гнев утихнут, только если я «вступлю в брак» с Богом.

Амма: Да, ты сам это сказал. Будь «женихом» Бога. Только союз с духовной истиной поможет тебе выйти за пределы [ограничений ума] и обрести настоящий мир и радость.

Искатель: Ты поможешь мне в этом?

Амма: Амма всегда помогает. Тебе нужно лишь увидеть и принять эту помощь.

Искатель: Большое спасибо, Амма. Ты уже помогла мне.

Что делает истинный Учитель?

Искатель: Амма, что делает с учеником Садгуру [истинный Учитель]?

Амма: *Садгуру* помогает ученику увидеть свои слабости.

Искатель: Чем это помогает ученику?

Амма: По-настоящему увидеть – значит осознать и принять. Когда ученик принимает свои слабости, ему становится легче преодолеть их.

Искатель: Амма, когда ты говоришь «слабости», ты имеешь в виду эго?

Амма: Гнев – слабость. Зависть – слабость. Ненависть, себялюбие и страх – всё это слабости. Да, коренной причиной этих слабостей является эго. Ум со всеми его ограничениями и слабостями – вот что такое эго.

Искатель: То есть ты говоришь, что задача *Садгуру* состоит в том, чтобы воздействовать на эго ученика.

Амма: Задача *Садгуру* состоит в том, чтобы помочь ученику осознать ничтожность этого незначительного феномена, называемого эго. Эго подобно огоньку, образующемуся в маленьком глиняном светильнике с маслом.

Искатель: Почему важно осознать ничтожность эго?

Амма: Потому что в эго нет ничего нового или примечательного. Когда сияет солнце, зачем волноваться из-за этого огонька, который может в любой момент погаснуть?

Искатель: Амма, не могла бы ты объяснить поподробнее?

Амма: Ты – целое, Божественное. По сравнению с этим эго – не что иное, как маленький огонек. С одной стороны, *Садгуру* устраняет эго. Однако, с другой стороны, он дарит тебе целое. *Садгуру* превращает тебя из нищего в императора, Императора Вселенной. Из простого получателя *Садгуру* превращает тебя в дарителя, способного подарить всё тем, кто приблизится к тебе.

Действия Махатмы

Искатель: Правда ли, что всё, совершаемое Махатмой [Великой Душой], имеет значение?

Амма: Лучше сказать так: всё, что делает человек, достигший Самореализации, заключает в себе Божественное послание – послание относительно глубинных жизненных принципов. Даже, казалось бы, бессмысленные поступки, совершаемые таким человеком, несут подобное послание.

Жил-был Махатма, единственным занятием которого было закатывать огромные валуны на вершину горы. Это было единственным делом, которым он занимался вплоть до самой смерти. Он никогда не чувствовал скуки и ни на что не жаловался. Люди думали, что он сумасшедший, но это было не так. Иногда ему требовалось несколько часов или даже дней, чтобы в одиночку закатить на гору валун. А когда ему удавалось это сделать, он сбрасывал его вниз. Глядя, как валун катится с горы, Махатма хлопал в ладоши и смеялся, как маленький ребенок.

Восхождение в любой сфере деятельности требует от человека большого мужества и энергии, однако чтобы разрушить всё, обретенное тяжким трудом, достаточно одного мгновения. Это также справедливо в отношении добродетелей. Махатма вовсе не был привязан к искренним усилиям, которые он прилагал, чтобы закатить на гору тяжелый валун. Вот почему он мог смеяться как ребенок – это был смех высшей отрешенности. Возможно, своими действиями он хотел преподать людям урок, чтобы они осознали эти истины.

Люди могут по-разному трактовать поступки Махатмы и судить о них. Это обусловлено тем, что их умам недостает утонченности, чтобы постичь суть. У людей есть ожидания, но истинный Махатма не может действовать в соответствии с чьими-то ожиданиями.

Объятия Аммы пробуждают

Искатель: Если бы кто-то сказал тебе, что может делать то же самое, что и ты, – обнимать людей, – что бы ты на это ответила?

Амма: Это было бы прекрасно. Миру необходимо как можно больше исполненных сострадания сердец. Амма была бы счастлива, если бы кто-то захотел служить человечеству, обнимая людей с настоящей любовью и состраданием, совершая это, как свою *дхарму* [долг], потому что одна Амма физически не в состоянии обнять всех людей на земле. Однако настоящая мать никогда не будет похваляться самопожертвованием, которое она совершает ради своих детей.

Искатель: Амма, что происходит, когда ты обнимаешь людей?

Амма: Когда Амма обнимает человека, происходит не просто физический контакт. Та любовь, которую Амма ощущает ко всему Творению, изливается на каждого, кто приходит к Амме. Эта чистая вибрация любви очищает людей, способствуя их внутреннему пробуждению и духовному росту.

В сегодняшнем мире как мужчинам, так и женщинам необходимо пробудить в себе материнские качества. Объятия Аммы помогают людям осознать эту универсальную потребность.

Любовь – это единственный язык, который понимает каждое живое существо. Он универсален. Любовь, мир, медитация и *мокша* [освобождение] – всё это универсально.

Как превратить мир в Бога

Искатель: Я семейный человек, и у меня очень много обязанностей и обязательств. Какой должна быть моя жизненная позиция?

Амма: Кем бы ты ни был, семьянином или монахом, самое главное – как ты воспринимаешь и осмысливаешь жизнь и жизненный опыт. Если ты относишься к ним позитивно и принимаешь их, то ты живешь с Богом, даже находясь в миру. Тогда мир для тебя становится Богом, и ты ощущаешь Божественное присутствие каждое мгновение. Однако результат негативного отношения будет прямо противоположным: тогда ты выбираешь жизнь с дьяволом. Познание своего ума и его низменных склонностей в сочетании с постоянными усилиями по их преодолению – вот на чем должен быть сосредоточен искренний *садхак* [духовный искатель].

Махатму однажды спросили: «Святой человек, ты уверен, что после смерти попадешь в рай?»

Махатма ответил: «Да, конечно».

«Откуда ты знаешь? Ты пока не умер и даже не знаешь, что у Бога на уме».

«Это правда, я не знаю, что на уме у Бога, но я знаю свой собственный ум: где бы я ни находился, я всегда счастлив. Поэтому, даже если я окажусь в аду, то буду счастлив и спокоен», – ответил Махатма.

Счастье и спокойствие – поистине настоящий рай. Всё зависит от ума.

Сила слов Аммы

Это случалось со мной не однажды, а раз сто, наверное. Кто-то задает мне вопрос или делится со мной серьезной проблемой. Я стараюсь ответить на вопрос и решить проблему, давая подробные объяснения, основанные на логике.

Выразив мне искреннюю благодарность, человек уходит, казалось бы, довольный предложенным мной решением, а я смотрю ему вслед с чувством некоторого самодовольства. Однако очень скоро я вижу, как тот же самый человек обращается с тем же самым вопросом к другому *свами* [монаху] – несомненное свидетельство того, что он не удовлетворен моим советом. Тем не менее человек продолжает страдать.

В конце концов он приходит к Амме. Амма отвечает на его вопрос схожим образом. Я имею в виду, что слова, а иногда и примеры, те же самые. Но с человеком происходит внезапная перемена. Тень сомнения, страха и печали полностью исчезает, и его лицо проясняется. Разница действительно огромная.

Я всегда спрашиваю себя: «Чем обусловлена эта разница? Амма не говорит ничего нового. Но воздействие ее слов велико».

В связи с этим мне вспоминается следующий случай. Когда Амма раздавала еду во время одного из ретритов, ко мне подошла индийская женщина-врач, которая последние 25 лет жила в США, и сказала: «Это моя первая встреча с Аммой. Я бы хотела поговорить с Вами или другим монахом».

Затем она стала рассказывать мне очень трогательную историю. Несколько лет назад ее муж отправился в паломничество на гору Кайлас, что в Гималаях. Там с ним случился сердечный приступ, и он умер. Его жена не могла избавиться от чувства горечи и боли. Она сказала: «Я очень зла на Бога. Бог беспощаден». Я выслушал ее историю с тем сочувствием, на которое только был способен.

В разговоре с женщиной я попытался объяснить ей духовные аспекты смерти и поделился с ней несколькими примерами Аммы. В заключение я подчеркнул, что ее мужу очень посчастливилось расстаться с телом в таком священном месте, как обитель Господа Шивы. «Это была прекрасная смерть», – заверил я ее.

Уходя, женщина сказала: «Огромное спасибо. И всё же я продолжаю чувствовать сильную боль».

На следующее утро эта женщина пришла на *даршан*. Не успел я поведать Амме ее историю, как Амма заглянула ей в глаза и спросила по-английски: «Грустишь?»

Было очевидно, что Амма чувствует ее глубокую печаль. Пока я рассказывал Амме историю женщины, Амма прижимала ее к себе с огромной теплотой. Через несколько минут Амма нежно приподняла лицо женщины и снова заглянула ей в глаза. «Смерть – это не конец, не полное уничтожение. Это начало новой жизни, – сказала она. – Твоему мужу повезло. Амма видит, что он счастлив и пребывает в покое. Поэтому не горюй».

Женщина перестала плакать, и на ее лице отразилось глубокое умиротворение.

Мне снова довелось увидеть ее в тот вечер. Она выглядела очень спокойной. Женщина сказала: «Мне теперь так легко. Воистину Амма меня благословила. Не знаю, как ей удалось так быстро развеять мою печаль».

Некоторое время спустя, вспоминая об этом случае, я спросил у Аммы:

– Амма, почему твои слова вызывают такую большую трансформацию? Почему, когда говорим мы, этого не происходит?

– Потому что вы состоите «в брачном союзе» с мирским и «в разводе» с Божественным.

– Амма, ум требует дальнейших объяснений. Не могла бы ты рассказать об этом поподробнее?

– «В брачном союзе с мирским» – значит «отождествляете себя с умом», что приводит к привязанности к миру многообразия и его объектам. Это делает тебя отделенным от твоей внутренней Божественной природы, «разведенным» с ней. Это похоже на состояние гипноза. Когда мы освобождаемся от гипноза ума, происходит внутренний «развод» с ним. Пребывая в этом состоянии, ты по-прежнему можешь действовать в миру, но твой внутренний «брак», или союз, с Божественным помогает тебе видеть ложную, изменчивую природу мира. Поэтому ты остаешься незатронутым или отрешенным. Мир и его объекты больше не могут тебя загипнотизировать. Поистине, это высшее состояние Самореализации. Это означает понимание, что в союзе, или «браке», с миром нет истины. Истина – в воссоединении с Божественным и вечном «брачном союзе» с ним. *Гопи* [жены пастухов] из Вриндавана считали себя невестами Господа Кришны. Внутренне они были «замужем» за ним, то есть за Божественным, и оставались «в разводе» с миром.

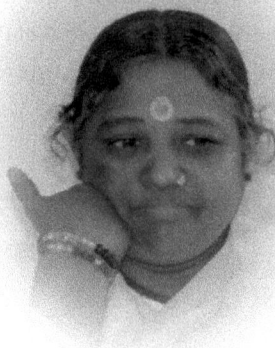

Ученые и святые

Ответ на вопрос о неверующих, который задал один из преданных:

Амма: Разве мы не верим ученым, когда они говорят о Луне и Марсе? При этом сколькие из нас могут действительно подтвердить, что они говорят правду? Всё же мы верим тому, что говорят ученые, не так ли? Святые и провидцы прошлого в течение многих лет проводили эксперименты в своих внутренних «лабораториях» и познали высшую Истину, которая является основой всей Вселенной. Так же как мы верим словам ученых, которые говорят о неизвестных нам фактах, нам следует верить словам великих Учителей, которые говорят об Истине, в которой они утвердились.

Как выйти за пределы мыслей?

Искатель: Амма, кажется, что мыслям нет конца. Чем больше медитируешь, тем больше возникает мыслей. Почему так происходит? Как устранить мысли, выйти за их пределы?

Амма: Мысли, составляющие ум, на самом деле, инертны. Они получают силу от *Атмана*. Наши мысли – это наше собственное творение. Мы делаем их реальными, когда «со-трудничаем» с ними. Если мы перестанем их поддерживать, то они растворятся. Внимательно наблюдай за мыслями, не привязываясь к ним. Тогда ты увидишь, что они постепенно исчезнут.

Ум накапливал мысли и желания веками – через различные тела, в которых ты воплощался. Все эти эмоции залегают глубоко внутри. То, что ты воспринимаешь на поверхности ума, – это лишь малая часть скрытых в глубине, не проявленных слоев. Когда ты пытаешься остановить ум с помощью медитации, мысли начинают медленно выходить на поверхность. Это всё равно что пытаться отмыть пол, который долгое время никто не мыл. Когда мы принимаемся за работу, чем больше мы моем, тем больше грязи выходит на поверхность, потому что она копилась на полу годами.

Так же и ум – раньше мы никогда не обращали внимания на разные мысли, роившиеся в нашем уме. Подобно грязному полу, ум собирал мысли, желания и эмоции очень долгое время. Мы осознаём только те из них, которые находятся на поверхности. Однако в глубине скрыты бесчисленные пласты мыслей и эмоций. Как в процессе чистки пола на поверхность выходит всё больше грязи, так по мере углубления медитации проявляется всё больше мыслей. Продолжай чистить – и они исчезнут.

На самом деле это хорошо, что они появляются. Когда ты видишь и узнаёшь их, тебе легче от них освободиться. Не теряй терпения. Будь упорным и продолжай совершать *садхану* [духовную практику]. Придет время, и у тебя появится достаточно силы, чтобы преодолеть их.

Насилие, война и путь к их прекращению

Искатель: Что можно сделать, чтобы прекратить войны и страдания?

Амма: Быть более сострадательным и иметь больше понимания.

Искатель: Это вряд ли поможет быстро решить проблему.

Амма: Быстро решить эту проблему практически невозможно. Попытка осуществить рассчитанную на определенный срок программу тоже может не сработать.

Искатель: Но это не отвечает чаяниям борцов за мир. Им нужно оперативное решение.

Амма: Это хорошо. Пусть желание найти оперативное решение продолжает усиливаться, пока не превратится в неукротимое устремление. Только благодаря такому пламенному устремлению появится оперативное решение.

Искатель: Многие люди, следующие духовным путем, считают, что внешнее насилие или войны – это лишь выражение внутреннего насилия. Что ты думаешь по этому поводу?

Амма: Это верно. Однако необходимо понимать, что не только насилие, но и мир и счастье тоже являются порождением человеческого ума. Если люди действительно захотят, то они смогут обрести мир как внутри себя, так и вовне. Почему люди более сосредоточены на агрессивном и разрушительном аспекте ума? Почему они совершенно забывают, что тот же самый ум может достичь безграничного сострадания и вершин творческой реализации?

В конечном счете, все войны возникают вследствие стремления ума выразить свою внутреннюю агрессию. У ума есть примитивный, неразвитый или недоразвитый аспект. Война – плод этой примитивной части ума. Воинственная природа ума – это всего лишь пример, показывающий, что мы еще недостаточно выросли, чтобы превзойти наш примитивный ум. Пока мы не преодолеем его, в обществе по-прежнему будут войны и конфликты. Поиск правильного пути, ведущего к тому, чтобы превзойти этот аспект ума, и следование этим путем – вот целесообразный и здоровый подход к решению проблемы войны и насилия.

Искатель: Это путь духовности?

Амма: Да, это путь духовности – трансформация нашего мышления и преодоление наших ментальных слабостей и ограничений.

Искатель: Ты думаешь, этот путь примут представители всех вероисповеданий?

Амма: Независимо от того, примут они его или нет, это истина. Нынешняя ситуация изменится только тогда, когда религиозные лидеры возьмут на себя инициативу распространения духовных принципов своих религий.

Искатель: Амма, ты думаешь, основной принцип всех религий – духовность?

Амма: Амма не просто так думает. Амма твёрдо убеждена в этом. Это истина.

Религия и её основополагающие принципы понимаются неправильно. Фактически, они даже неправильно истолковываются. У каждой религии мира есть два аспекта: внешний и внутренний. Внешний – это философская, или интеллектуальная, часть, а внутренний – духовность. Те, кто слишком привязываются к внешней стороне религии, впадут в заблуждение. Религии – это указатели. Они указывают на цель, а цель – это духовная Реализация. Чтобы достичь этой цели, необходимо выйти за пределы указателей, то есть слов.

Предположим, тебе необходимо пересечь реку. Ты садишься в лодку. Когда ты достигнешь другого берега, то должен будешь сойти с лодки и продолжить путь. Если же ты будешь упрямо повторять: «Мне так нравится эта лодка. Я не хочу покидать её. Я останусь здесь», то ты никогда не попадёшь на другой берег. Религия – это лодка. Используй её, чтобы пересечь океан непонимания и заблуждений в отношении жизни. Без осознания и практического применения этой истины настоящий мир не наступит ни вовне, ни внутри.

Религия подобна ограде, защищающей молодое деревце от животных. Когда деревце станет деревом, ему больше не нужна будет ограда. Можно сказать, что религия подобна ограде, а Реализация подобна дереву.

Кто-то указывает пальцем на плод на дереве. Ты смотришь на кончик пальца, а затем дальше вперёд. Если ты не посмотришь дальше кончика пальца, то не найдёшь плод. В современном мире представители всех вероисповеданий упускают «плод». Они слишком привязались, подчас до степени одержимости, к «кончикам пальцев» – словам и внешним аспектам своих религий.

Искатель: Ты полагаешь, что общество недостаточно это осознаёт?

Амма: Ведется большая работа для того, чтобы пробудить это осознание. Но тьма настолько сильна, что нам необходимо бодрствовать и работать еще активнее. Конечно, существуют люди и организации, которые способствуют пробуждению осознания. Но мы не сможем достичь цели, только организовывая конференции и переговоры о мире. Настоящее осознание приходит лишь благодаря медитативной жизни. Это то, что должно произойти внутри. Всем организациям и активистам, стремящимся утвердить мир во всем мире, следует заострять на этом внимание. Мир – это не результат интеллектуальных занятий. Это ощущение – скорее даже цветение, которое начинается внутри, когда мы направляем энергию по правильным каналам. Это то, что достигается медитацией.

Искатель: Как ты можешь охарактеризовать состояние современного мира?

Амма: В утробе матери плод поначалу имеет форму рыбки. На завершающем этапе он выглядит почти как обезьянка. Хотя мы и заявляем, что мы цивилизованные люди, добившиеся большого прогресса в науке, многие наши действия свидетельствуют о том, что мы всё еще находимся на этой последней стадии развития плода.

Амма сказала бы, что человеческий ум гораздо более развит, чем ум обезьяны. Обезьяна прыгает только с ветки на ветку, с одного дерева на другое, тогда как ум человека, подобно обезьяне, совершает гораздо более длинные прыжки. Он может «прыгнуть» куда угодно – на Луну или вершины Гималаев, из настоящего в прошлое или будущее.

Лишь внутренняя перемена, основанная на духовности, принесет мир и положит конец страданиям. Большинство людей упрямо отстаивают свою позицию. Их лозунг: «Я изменюсь только в том случае, если изменишься ты». Такое отношение никому не поможет. Если ты изменишься первым, то другой человек тоже изменится сам собой.

Христос и христианство

Искательница: По рождению я – христианка. Я люблю Христа, но и Амму я тоже люблю. Ты – мой Гуру. Однако два моих сына, преданные последователи церкви и Иисуса, не верят ни во что иное. Они постоянно твердят мне: «Мама, нам очень грустно, что мы не увидим тебя на небесах, потому что ты попадешь в ад, так как не следуешь за Христом». Я пытаюсь беседовать с ними, но они не желают меня слушать. Амма, что мне делать?

Амма: Амма прекрасно понимает их веру в Христа. Амма искренне любит и очень уважает людей, которые имеют глубокую веру в свою религию и личностного Бога. Однако говорить, что все, кто не верят в Христа, попадут в ад, абсолютно неправильно и нелогично. Когда Христос сказал: «Возлюби ближнего своего, как самого себя», он не имел в виду: «Люби только христиан», не так ли? Говорить: «Все, кроме христиан, попадут в ад», – означает быть совершенно безучастным к другим людям по причине полного отсутствия любви к ним. Это ложь. Лгать – значит идти против Бога. Божественность – в правдивости, потому что Бог – это Правда. Бог – в любви к другим людям и заботе о них.

Заявления наподобие: «Все вы попадете в ад, потому что не следуете за Христом» – показывают полное неуважение и отсутствие доброты по отношению к остальной части человечества. Как это высокомерно и жестоко – сказать, что все великие святые, мудрецы и миллиарды людей, живших до Христа, отправились в ад! Неужели эти люди утверждают, что Богопознанию всего 2000 лет, или они хотят сказать, что

Богу всего 2000 лет? Это против самой природы Бога, который вездесущ и не ограничен временем и пространством.

Иисус был Богом, явившимся в человеческом образе. Амма вполне может принять это. Однако это не означает, что все великие воплощения до и после него не были *Аватарами* [Богом в человеческом образе] или не в состоянии спасти тех, кто верит в них.

Разве Христос не сказал: «Царствие Божие внутри»? Это такое простое и недвусмысленное утверждение. Что оно означает? Оно означает, что Бог живёт внутри тебя. Если рай находится внутри, то и ад тоже внутри. Это твой ум. Ум – это очень эффективный инструмент. С его помощью мы можем создать и рай, и ад.

Все Махатмы, включая Христа, придают большое значение любви и состраданию. На самом деле любовь и сострадание – это фундаментальные принципы всех подлинных религий. Эти Божественные качества лежат в основе всех конфессий. Если человек не принимает чистое сознание как важнейший принцип, лежащий в основе всего, то он не может любить других людей и относиться к ним с состраданием. Говорить: «Я люблю тебя, но только если ты христианин» – это всё равно что заявить: «Сознание есть только у христиан, все остальные – неодушевлённые объекты». Отрицать сознание – значит отрицать любовь и истину.

Дочь моя, если говорить о твоей ситуации, Амма полагает, что изменить мнение твоих детей будет нелегко. Да это и не нужно. Пусть они остаются в своей вере. Следуй велению своего сердца и тихо продолжай делать то, что считаешь нужным. В конце концов, то, что действительно имеет значение, – это глубокое чувство в твоём сердце.

Будьте хорошими христианами, индуистами, буддистами, иудаистами или мусульманами, но никогда не теряйте способности к различению и не лишайтесь рассудка из-за религии.

Инициация в мантру Христа

Молодой христианин попросил у Аммы мантру. «Кто твое любимое Божество?» – спросила его Амма.

«Это тебе решать, Амма. Какого Бога ты выберешь, ту *мантру* я и буду повторять», – сказал он.

Амма ответила: «Но Амма знает, что ты был рожден и воспитывался как христианин, поэтому эта *самскара* [доминирующая склонность, сформировавшаяся в течение этой жизни и прошлых жизней] в тебе очень сильна».

Подумав, молодой человек сказал: «Амма, если ты хочешь, чтобы я выбрал Божество, то, пожалуйста, дай мне *мантру* Кали».

Амма с любовью отклонила его просьбу и сказала: «Амма знает, что ты стараешься угодить ей. Для Аммы не имеет значения, какую *мантру* ты будешь повторять: *мантру* Кали или *мантру* Христа. Будь честным с самим собой и открытым с Аммой. Такое отношение действительно порадует Амму».

«Но Амма, я читаю *мантру Мритьюнджая* и другие индуистские молитвы», – возразил он, пытаясь убедить Амму.

Амма ответила: «Может, это и так, но ты должен повторять *мантру* Христа, потому что это твоя преобладающая *самскара*. Если ты будешь повторять другие *мантры*, то через какое-то время тебе станет трудно придерживаться этой практики. У тебя неизбежно начнут возникать противоречивые мысли».

Тем не менее молодой человек твердо стоял на своем. Он хотел, чтобы Амма либо выбрала для него *мантру*, либо инициировала его в *мантру* Кали. В конце концов Амма сказала: «Ладно, сынок, сделай-ка вот что: сядь тихонько и помедитируй некоторое время. Посмотрим, что произойдет».

Несколько минут спустя, после того как он вышел из медитации, Амма спросила: «А ну-ка скажи Амме, кто твое любимое Божество?» Молодой человек только улыбнулся. Амма спросила: «Христос, ведь так?» Молодой человек ответил: «Да, Амма. Ты права, а я ошибался».

Амма сказала: «Амма не видит никакого различия между Христом, Кришной и Кали. Однако *ты* чувствуешь разницу, пусть не на сознательном, а на подсознательном уровне. Амма хотела, чтобы ты это понял и признал. Вот почему она попросила тебя помедитировать».

Молодой человек был счастлив, и Амма инициировала его в *мантру* Христа.

Заблудшие искатели
и как найти выход

Искатель: Амма, есть люди, которые уже долгое время интенсивно занимаются духовной практикой. Тем не менее они пребывают в сильном заблуждении. Некоторые из них даже заявляют, что уже завершили путь. Как можно помочь таким людям?

Амма: Как можно помочь им, пока они не поймут, что нуждаются в помощи? Для того чтобы рассеять тьму заблуждения, человек должен сначала осознать, что находится во тьме. Это сложное ментальное состояние. Эти дети увязли в нем, и им сложно принять правду. Как можно, подобно им, претендовать на что-то, если ты полностью свободен от всех форм эго?

Искатель: Что приводит к возникновению этого ментального состояния?

Амма: Неправильное представление о духовности и самопознании.

Искатель: Их можно спасти?

Амма: Только если они захотят, чтобы их спасли.

Искатель: Разве их не может спасти милость Божья?

Амма: Конечно, может, но открыты ли они, чтобы восприять эту милость?

Искатель: Милость и сострадание безусловны. Открытость – это условие, не так ли?

Амма: Открытость – это не условие. Это необходимость, такая же непреложная, как еда и сон.

Как настоящий Учитель помогает завершить путь

Искатель: Некоторые люди полагают, что для достижения Богореализации не нужно водительство Гуру. Амма, что ты об этом думаешь?

Амма: Физически слепой человек видит повсюду тьму. Поэтому он просит о помощи. Но несмотря на то, что люди духовно слепы, они этого не понимают. Даже если они это понимают, то не признают. Следовательно, им сложно искать наставника.

У людей разные взгляды, и они вольны свободно выражать их. Те, кто обладают острым умом, могут доказать или опровергнуть очень многое. Тем не менее их утверждения не обязательно будут истиной. Чем более интеллектуально развит человек, тем более он эгоистичен. Такому нелегко совершить самоотдачу. Богопознание не станет реальностью, если человек не отринет свое эго. Люди, которые очень привязаны к своему эго, найдут множество способов оправдать собственные эгоистичные поступки. Если кто-то говорит, что на пути к Богу не нужно водительство Гуру, то Амма полагает, что такой человек боится отринуть свое эго. Или, возможно, он сам очень хочет стать Гуру.

Хотя наша истинная природа божественна, мы очень долго отождествляли себя с миром имен и форм, принимая их за реальность. Теперь нам необходимо перестать отождествлять себя с ними.

Подношение невинного сердца

Маленькая девочка, которая пришла на даршан, преподнесла Амме красивый цветок. Она сказала: «Амма, это цветок из нашего сада».

Амма ответила: «Правда? Какой красивый!» Принимая цветок от девочки, Амма смиренно поднесла его ко лбу, будто бы кланяясь ему.

«Ты сама его сорвала?» – спросила Амма. Девочка кивнула в ответ.

Мама девочки пояснила, что ее дочь пришла в такой восторг, когда услышала, что они идут к Амме, что опрометью бросилась в сад и вернулась оттуда с цветком. На нем и в самом деле до сих пор были капли росы. «Показав мне цветок, она сказала: "Мама, он такой же красивый, как Амма"».

Девочка сидела у Аммы на коленях. Вдруг она крепко обняла Амму и поцеловала ее в обе щеки со словами: «Амма, я так тебя люблю!» Несколько раз поцеловав ее в ответ, Амма сказала: «Дитя мое, Амма тебя тоже очень любит».

Глядя вслед маленькой девочке, которая радостно танцевала рядом со своей мамой, когда они возвращались на свои места в зале, Амма сказала: «Невинность так прекрасна и так покоряет сердце!»

Линия экстренной связи с Богом

Во время беседы в форме вопросов и ответов, состоявшейся на одном из ретритов, один из преданных озабоченно спросил: «Амма, столько тысяч людей обращаются к тебе в молитвах. Похоже, когда я обращусь за помощью, все линии будут заняты. Скажи, что мне делать?»

Услышав вопрос, Амма от души рассмеялась и ответила: «Не волнуйся, сын мой. У тебя прямая линия». Ответ Аммы вызвал взрыв смеха в зале. Амма продолжала: «На самом деле каждый имеет линию экстренной связи с Богом. Однако качество связи зависит от пламенности молитвы».

Как река...

Искатель: Амма, ты делаешь одно и то же день за днем, год за годом. Тебе не наскучивает постоянно обнимать людей?

Амма: Если реке станет скучно течь, солнцу светить, а ветру дуть, то и Амме тоже станет скучно.

Искатель: Амма, где бы ты ни была, ты всё время окружена людьми. Разве ты не ощущаешь потребности в некоторой свободе и одиночестве?

Амма: Амма всегда свободна и всегда одна.

Ведические звуки и мантры

Искатель: Древние Риши [провидцы] известны как мантра-дриштас [увидевшие мантры]. Означает ли это, что они видели чистые звуки и мантры?

Амма: «Увидевшие» означает «озаренные изнутри» или «испытавшие». *Мантры* можно испытать только внутренне. Ведические звуки и *мантры* уже присутствовали во Вселенной, в атмосфере. Что делают ученые, когда что-то изобретают? Они проливают свет на факт, который длительное время был покрыт мраком. Мы не можем назвать это новым изобретением. Они лишь приоткрыли скрывавшую его завесу.

Единственное различие между научными изобретениями и *мантрами* состоит в том, что последние относятся к более утонченному уровню. Благодаря суровой аскезе *Риши* сделали свои внутренние инструменты абсолютно ясными и кристально чистыми. Поэтому вселенские звуки сами собой проявились в них.

Нам известно, как звуки и образы в форме вибраций путешествуют по воздуху от радио или телевизионных станций. Они всегда присутствуют в атмосфере. Однако для того чтобы увидеть или услышать их, нам необходимо настроить наш инструмент – радио или телевизор. Божественные звуки откроются тем, кто обладает ясным и чистым умом. Их невозможно уловить внешним зрением. Мы сможем воспринять эти звуки лишь развив «третий глаз», или внутреннее зрение.

Каким бы ни был звук, научись чувствовать его настолько глубоко, насколько сможешь. Чувствовать звук, а не просто слышать его – вот что действительно важно. Чувствуй свои молитвы, чувствуй свою *мантру*, и тогда ты почувствуешь Бога.

Искатель: У *мантр* есть значение?

Амма: Не в том смысле, как ты думаешь или ожидаешь. *Мантры* – это чистейшая форма вселенских вибраций, или *шакти* [Божественной энергии], силу которой испытали *Риши* в глубокой медитации. *Мантра* – это энергия Вселенной в форме семени. Поэтому *мантры* называют *биджакшарами* [буквами-семенами]. Опираясь на свой опыт познания, *Риши* преподнесли эти чистые звуки человечеству. Однако облечь в слова опытное переживание, особенно самое глубокое из всех, нелегко. Поэтому *мантры*, известные нам, – это наиболее близкие к вселенскому звучанию звуки, которые милосердные *Риши* смогли облечь в языковую форму ради блага мира. Однако факт остается фактом: *мантру* можно в полной мере испытать только тогда, когда ум достигнет абсолютной чистоты.

Чего-то не хватает

Искатель: Амма, многие люди говорят, что, несмотря на материальный достаток, в их жизни чего-то не хватает. Почему у них возникает такое чувство?

Амма: Жизнь преподносит людям разные ситуации и переживания в соответствии с их прошлой *кармой* [действиями] и тем, как они живут и действуют в настоящем. Кем бы ты ни был и каких бы материальных высот ни достиг, только *дхармичный* [праведный] образ жизни и мышления поможет тебе обрести совершенство и счастье. Если ты не используешь свои материальные средства и желания в соответствии с высшей *дхармой*, то есть ради достижения *мокши* [освобождения], ты никогда не обретешь покоя. У тебя всегда будет чувство: «Мне чего-то не хватает». А не хватает тебе покоя и удовлетворенности. В результате этого недостатка истинной радости возникает пустота, которую невозможно заполнить удовольствиями или исполнением материалистических желаний.

Люди полагают, что могут заполнить эту пустоту, исполняя свои желания. На самом деле, если гоняться лишь за мирскими объектами, пустота останется и может даже увеличиться.

Дхарма и *мокша* взаимосвязаны. Тот, кто живет согласно принципам *дхармы*, достигнет *мокши*, а тот, кто хочет достичь *мокши*, непременно будет вести *дхармичный* образ жизни.

Деньги и другие материальные ценности могут превратиться в большое препятствие, если пользоваться ими неправильно и немудро. Они являются препятствием для тех, кто хочет духовно развиваться. Чем больше у тебя денег, тем больше вероятность, что ты будешь привязан к своему телу. Чем больше ты отождествляешь себя с телом, тем эгоистичнее ты становишься. Проблема не в деньгах, а в неразумной привязанности к ним.

Мир и Бог

Искатель: Какова связь между миром и Богом, счастьем и печалью?

Амма: Мир нужен для того, чтобы познать Бога, или испытать настоящее счастье. Учитель пишет в классе белым мелом на черной доске. Черный фон контрастирует с белыми буквами. Так же и мир – это фон, на котором мы должны познать нашу чистоту, осознать нашу истинную природу – вечное счастье.

Искатель: Амма, это правда, что только люди чувствуют себя несчастными или неудовлетворенными, а животные – нет?

Амма: Не совсем. Животные тоже испытывают чувства печали и неудовлетворенности. Они ощущают грусть, любовь, гнев и другие эмоции. Однако они не испытывают их так глубоко, как люди. Люди более развиты, поэтому чувствуют гораздо сильнее.

На самом деле чувство глубокой печали показывает, что человек потенциально способен испытывать его полную противоположность – блаженство. Из чувства глубокой печали и боли мы можем почерпнуть достаточно сил, чтобы встать на путь самопознания. Нужно лишь проявлять больше способности к различению, направляя ток нашей *шакти* [энергии].

Искатель: Амма, как мы можем проявлять больше способности к различению при использовании нашей *шакти*?

Амма: Только более глубокое понимание поможет нам сделать это. Предположим, мы пошли на похороны или навещаем больного старика, прикованного к постели. Безусловно, мы будем опечалены. Но когда мы вернемся домой, к своим обязанностям, всё это забудется, и жизнь снова пойдет своим чередом. Увиденное не затронуло потаенные уголки нашего сердца, глубины нашего существа. Однако если ты постараешься осмыслить подобный жизненный опыт, говоря себе: «То же самое рано или поздно произойдет и со мной. Я должен задуматься над причиной этих бед и подготовиться, пока не поздно», – тогда этот опыт постепенно изменит твою жизнь и поможет обратиться к постижению сокровенных тайн Вселенной. Через какое-то время, если будешь достаточно серьезно настроен и искренен, ты найдешь подлинный источник радости.

Пока Амма говорила, маленькая девочка, сидевшая на коленях у своей матери, начала плакать. Позвав: «Малышка… малышка…», Амма спросила, почему девочка заплакала. Ее мать подняла соску и сказала: «Она потеряла вот это».

Все засмеялись. Мать положила соску малышке в рот, и та перестала плакать.

Амма: Малышка потеряла свое счастье. Вот прекрасный пример того, о чем мы говорим. Соска так же иллюзорна, как и мир. Она не дает ребенку питания. Однако она помогает ему перестать плакать. Поэтому можно сказать, что у нее есть предназначение. Так и мир в действительности не питает душу. Но у него есть предназначение, которое состоит в том, чтобы напоминать нам о Творце, или Боге.

Искатель: Говорят, что человек должен испытать огромную боль и печаль перед тем, как достигнет Самореализации. Это так?

Амма: В жизни в любом случае есть боль и печаль. Духовность – это не путешествие вперед, а путешествие назад. Мы возвращаемся к нашему изначальному источнику бытия. За время путешествия нам необходимо пробраться сквозь слои накопившихся в нас эмоций и *васан* [склонностей]. Вот откуда берется боль, а не извне. Оставаясь открытыми при прохождении этих слоев, мы преодолеваем и превосходим их и в конечном счете достигаем обители высшего покоя и блаженства.

Перед тем как забраться на вершину горы, человеку необходимо оказаться в противоположной точке – в долине у подножия горы. Перед тем как достичь вершины счастья, человеку неизбежно придется испытать ощущение противоположного чувства, то есть печали.

Искатель: Почему неизбежно?

Амма: Пока человек отождествляет себя с эго и чувствует: «Я отделен от Бога», он будет ощущать боль и печаль. Сейчас ты стоишь у подножия горы. Прежде чем ты сможешь начать восхождение, тебе необходимо отказаться от привязанности к долине и всему тому, что ты там имеешь. Боль неизбежна только в том случае, если ты сделаешь это наполовину. В противном случае боли не будет. Когда привязанность отринута, боль превращается в пламенное устремление – устремление к вершине вечного единения. Вопрос только в том, многие ли способны полностью отринуть привязанность?

Преданный погрузился в раздумье. Заметив, что он замолчал, Амма потрепала его по голове и сказала: «Пусть барабан эго издает приятные звуки, когда его настраивают». Преданный рассмеялся.

Амма: Амма слышала одну историю. Жил-был богатый человек, который потерял всякий интерес к мирской жизни и захотел начать новую жизнь, исполненную покоя и умиротворения. У него было всё, что можно купить за деньги, но тем не менее жизнь казалась ему лишенной какого-либо смысла. Тогда он решил обратиться за наставлениями к духовному Учителю. Перед тем как покинуть дом, богач подумал: «Что мне делать с моими деньгами? Отдам-ка я их все Учителю и забуду о них. То, что мне нужно на самом деле, – это истинное счастье». Итак, богач сложил все свои золотые монеты в мешок и потащил его с собой.

Он шел весь день и наконец нашел Учителя, сидевшего под деревом на окраине одной деревни. Богач положил мешок перед Учителем и низко поклонился. Подняв голову, он с изумлением увидел, что Учитель убегает от него, прихватив мешок. Полностью сбитый с толку и ошарашенный странным поведением Гуру, богач со всех ног бросился за ним. Учитель бежал всё быстрее – по полям, вверх и вниз по холмам, перепрыгивая через ручьи, продираясь сквозь кусты и вдоль по улицам. Темнело. Учитель так хорошо знал деревенские узкие, извилистые улочки, что богачу с трудом удавалось поспевать за ним.

Наконец, потеряв всякую надежду, богач вернулся на то самое место, где впервые встретил Учителя. Там лежал его мешок с деньгами, а Учитель прятался за деревом. Как только богач жадно схватил свой драгоценный мешок, Учитель выглянул из-за дерева и спросил:

– Скажи, как ты себя теперь чувствуешь?

– Я очень-очень счастлив, это самый счастливый миг в моей жизни.

– Значит, – сказал Гуру, – для того чтобы ощутить настоящее счастье, человеку необходимо также испытать и его противоположность.

Дети, вы можете блуждать в этом мире, гоняясь за разными объектами. Но пока вы не вернетесь к истокам, откуда начали свой путь, вы не ощутите подлинного счастья. Вот еще одна мораль этой истории.

Искатель: Амма, я слышал, что человек не сможет обрести истинного счастья, пока не прекратит все искания. Как ты можешь это объяснить?

Амма: «Необходимо прекратить все искания» означает, что необходимо перестать искать счастье во внешнем мире, потому что то, что ты ищешь, находится внутри тебя. Перестань гоняться за объектами мира и обрати свой взор внутрь. Там ты найдешь то, что ищешь.

Ты одновременно и искатель и искомое. Ты ищешь то, что уже имеешь. Это невозможно найти вовне. Поэтому любой поиск счастья во внешнем мире закончится неудачей и разочарованием. Это напоминает собаку, которая гоняется за своим собственным хвостом.

Бесконечное терпение

Один мужчина, которому сейчас за пятьдесят, с 1988 года постоянно посещает встречи с Аммой в Нью-Йорке. Я хорошо помню его, потому что он всегда задает Амме одни и те же вопросы. И почти всегда именно я оказываюсь его переводчиком. Из года в год этот человек задает одни и те же три вопроса, даже не меняя формулировок:

1. Может ли Амма даровать мне моментальную Само-реализацию?

2. Когда я женюсь на красавице?

3. Как мне быстро заработать и разбогатеть?

Увидев, что он идет на даршан, я шутливо прокомментировал: «Вон идет "испорченная пластинка"».

Амма сразу поняла, о ком я говорю. Она строго взглянула на меня и сказала: «Духовность состоит в том, чтобы чувствовать боль других людей и принимать участие в их проблемах. Необходимо, по крайней мере, иметь зрелый и разумный подход к людям, которые сталкиваются с трудными ситуациями и проблемами. Если тебе не хватает терпения, чтобы выслушивать их, то ты не достоин быть переводчиком Аммы».

Я искренне попросил у Аммы прощения за свое предвзятое отношение и слова. Тем не менее я всё еще сомневался, захочет ли она услышать его вопросы в пятнадцатый раз.

«Мне переводить его вопросы?» – спросил я у Аммы.

«Конечно, почему ты спрашиваешь?»

Разумеется, это были те самые три вопроса. И вновь я с изумлением и восхищением взирал на то, как Амма слушала этого человека и давала ему наставления, как будто слышала его вопросы впервые.

Искатель: Может ли Амма даровать мне моментальную Самореализацию?

Амма: Ты регулярно занимаешься медитацией?

Искатель: В надежде заработать неплохие деньги, я тружусь по 50 часов в неделю. Тем не менее я медитирую, хоть и не регулярно.

Амма: Что это значит?

Искатель: Если у меня остается время после того, как я сделаю все дела, то я занимаюсь медитацией.

Амма: Хорошо, а как насчет повторения *мантры*? Ты повторяешь ее каждый день, согласно наставлениям?

Искатель (*неуверенно*): Да, я повторяю свою *мантру*, но не каждый день.

Амма: Когда ты ложишься спать и когда встаешь утром?

Искатель: Обычно я ложусь спать около 12-ти и встаю в 7 утра.

Амма: Когда ты уходишь на работу?

Искатель: Мой рабочий день длится с 8:30 до 17:00. Я добираюсь до офиса на машине за 35-40 минут, если нет пробок. Поэтому обычно я выхожу из дома примерно в 7:35. После подъема времени едва хватает на то, чтобы сварить чашку кофе, сделать два тоста и одеться. Держа в руке мой завтрак и чашку с кофе, я прыгаю в машину и уезжаю.

Амма: Когда ты возвращаешься с работы?

Искатель: Гм… в 17:30 или 18:00.

Амма: Что ты делаешь, когда приходишь домой?

Искатель: Полчаса отдыхаю, а потом готовлю ужин.

Амма: На сколько человек?

Искатель: Только для себя. Я живу один.

Амма: Сколько времени это занимает?

Искатель: Минут 40 или час.

Амма: Это 19:30. Что ты делаешь после ужина? Смотришь телевизор?

Искатель: Да.

Амма: Сколько времени?

Искатель (*смеясь*): Амма, ты загнала меня в угол. Я смотрю телевизор, пока не придет время ложиться спать. Я хочу признаться тебе еще в кое-в-чем… А впрочем, ладно.

Амма (*похлопывая его по спине*): Продолжай и скажи то, что ты хотел сказать.

Искатель: Мне слишком стыдно в этом признаться.

Амма: Ну ладно.

Искатель (*немного помедлив*): Нет смысла скрывать это от тебя. Я думаю, что ты всё и так знаешь. Иначе зачем ты создала эту ситуацию? Боже мой, ну и *лила* [Божественная игра]…

Амма, прости меня, но я забыл свою *Гуру-мантру* [*мантру*, полученную от Гуру]. Я даже не могу найти бумажку, на которой она была написана.

Услышав эти слова, Амма рассмеялась.

Искатель (*озадаченно*): Почему ты смеешься?

Амма шутливо ущипнула его за ухо.

Амма: Ах ты воришка! Амма знала, что ты пытаешься от нее что-то скрыть. Послушай, сын мой, Бог – даритель всего. Амма понимает твою искренность и любознательность, но тебе необходимо больше *шраддхи*[5] и упорства. Ты также должен быть готов приложить много усилий для достижения Цели – Самореализации.

Мантра – это мост, соединяющий тебя с твоим Гуру – конечное с бесконечным. Повторение *Гуру-мантры* подобно пище для настоящего ученика. Проявляй уважение к *мантре* и благоговение по отношению к Гуру, неизменно повторяя *мантру* каждый день. До тех пор пока у тебя не будет такой решимости, Самореализация не наступит. Духовность не должна быть «работой на полставки». Она должна стать основным занятием. Амма не просит тебя увольняться со службы или работать меньше. Ты относишься к своей работе и зарабатыванию денег очень серьезно, не так ли? Богореализация – это тоже серьезно. Как пища и сон, духовная практика должна стать неотъемлемой частью твоей жизни.

---

[5] На санскрите слово «*шраддха*» означает «вера». На малаялам (родном языке Аммы) «*шраддха*» означает внимание, бдительность. Амма может использовать это слово и в том, и в другом значении.

Искатель (*почтительно*): Амма, я принимаю твой ответ. Я запомню его и постараюсь исправиться, следуя твоим наставлениям. Пожалуйста, благослови меня.

Искатель замолчал. Казалось, он что-то обдумывает.

Амма: Сын мой… Ты уже дважды был женат, не так ли?

Искатель (*изумленно*): Откуда ты знаешь?

Амма: Ты уже не в первый раз рассказываешь о своих проблемах Амме.

Искатель: Ну и память!

Амма: Почему ты думаешь, что следующий брак будет удачным?

Искатель: Я не знаю.

Амма: Не знаешь? Или не уверен?

Искатель: Я не уверен.

Амма: Несмотря на это, ты всё же подумываешь о следующей женитьбе?

Это очень озадачило и вместе с тем так позабавило искателя, что он чуть не упал от смеха. Потом он сел и, сложив ладони, сказал: «Амма, ты неотразима и непобедима. Я склоняюсь перед тобой».

Ласково улыбаясь, Амма шутливо похлопала искателя по лысой голове, которую он низко склонил.

Безусловная любовь и сострадание

Искатель: Амма, как ты определишь, что такое безусловная любовь и сострадание?

Амма: Это абсолютно неопределимое состояние.

Искатель: Тогда что это?

Амма: Это беспредельность, подобная небу.

Искатель: Это внутреннее небо?

Амма: Там нет внутреннего и внешнего.

Искатель: Что же тогда?

Амма: Только единство. Поэтому ему невозможно дать определение.

Самый легкий путь

Искатель: Амма, существует столько разных путей. Какой из них самый легкий?

Амма: Самый легкий путь – это быть рядом с *Садгуру* [истинным Учителем]. Находиться с *Садгуру* – всё равно что путешествовать на самолете «Конкорд». *Садгуру* – это самое быстрое средство, которое приведет тебя к Цели. Следовать по любому пути без помощи *Садгуру* – всё равно что путешествовать рейсовым автобусом, который делает сотни остановок. Это замедлит процесс.

Просветление, самоотдача и жизнь настоящим

Искательница: Правда ли, что просветление не может наступить без самоотдачи, какой бы интенсивной ни была садхана [духовная практика]?

Амма: Скажи Амме, что ты подразумеваешь под интенсивной *садханой*? Совершать интенсивную *садхану* – значит делать это искренне и с любовью. Для этого тебе необходимо быть в настоящем. Чтобы быть в настоящем, необходимо отринуть прошлое и будущее.

Можно назвать это самоотдачей, жизнью настоящим, здесь и сейчас, от мгновения к мгновению или каким-либо иным термином – все они означают одно и то же. Термины могут быть разными, но внутри происходит одно и то же. Какой бы духовной практикой мы ни занимались, ее цель – помочь нам усвоить великий урок отпускания. Истинная медитация – это не действие, а пламенное устремление сердца к единению с высшим «Я», или Богом. Чем глубже мы при этом погружаемся, тем меньше у нас эго и тем легче мы себя чувствуем. Так что, как видишь, само назначение *садханы* в том, чтобы постепенно искоренить чувство «я» и «мое». Этот процесс описывается разными способами, разными словами, вот и всё.

Искательница: Все материальные достижения и мирские успехи по сути зависят от напористости и компетентности человека. Если постоянно не оттачивать ум и интеллект, то не сможешь победить. Небольшая слабость отбросит тебя назад, и ты окажешься на периферии. Мне кажется, что между принципами духовной и мирской жизни существует огромное различие.

Амма: Дочь моя, как ты правильно выразилась, это только кажется.

Искательница: Как это?

Амма: Большинство людей, независимо от того, кто они и чем занимаются, живут в настоящем, но не полностью. Совершая какое-то действие или что-то обдумывая, они отдаются текущему моменту. Иначе они ничего не добьются. Взять, к примеру, плотника. Если его ум не будет сосредоточен на настоящем, когда он использует инструмент, то он может получить серьезную травму. Так что люди живут в настоящем. Только у большинства из них очень мало осознания или его нет вообще, поэтому они присутствуют в настоящем лишь частично или вовсе не присутствуют. Наука духовности учит нас полностью присутствовать в настоящем, независимо от времени и места. Люди пребывают либо в уме, либо в интеллекте, но никогда в сердце.

Искательница: Но для того, чтобы присутствовать здесь и сейчас полностью, разве человек не должен выйти за пределы своего эго?

Амма: Должен, но выйти за пределы эго не означает стать бездеятельным или бесполезным. Напротив, в этом случае ты преодолеешь все слабости. Ты полностью трансформируешься, и твои внутренние возможности проявятся в полной мере. Став совершенным человеком, ты будешь готов служить миру, не видя никаких различий в многообразии.

Искательница: Значит, Амма, ты говоришь, что по сути нет разницы между самоотдачей и жизнью в настоящем?

Амма: Верно, это одно и то же.

Четки и мобильный телефон

Когда Амма шла на встречу с духовными искателями в сопровождении своих духовных детей, она заметила, что один из брахмачаринов [послушников] отошел в сторону, чтобы ответить на телефонный звонок.

Когда он закончил разговор и снова присоединился к группе, Амма заметила: «Если у духовного искателя много разных обязанностей, таких как организация встреч Аммы в разных городах и контакты с местными координаторами, то он может иметь мобильный телефон. Однако, беря мобильный телефон в одну руку, держите в другой руке *джапа-малу* [четки], чтобы не забывать повторять *мантру*. Мобильный телефон нужен для связи с миром. Пользуйтесь им при необходимости. Но никогда не теряйте связи с Богом. Это ваша жизненная сила.

Живая Упанишада

Искатель: Как ты можешь описать Садгуру [истинного Учителя]?

Амма: *Садгуру* – это живая *Упанишада* [воплощение высшей Истины, о которой поведано в *Упанишадах*].

Искатель: В чем основная задача Учителя?

Амма: Всё, что он делает, направлено на то, чтобы воодушевить учеников, вдохнуть в них веру и любовь, необходимые для достижения ими Цели. Возжечь в ученике огонь самопознания или любви к Богу – вот главная задача Учителя. Когда огонь разгорится, следующая задача Учителя – поддерживать пламя, защищая его от бурь ненужных искушений. Учитель будет оберегать ученика, как курица оберегает цыплят под своим крылом. Постепенно ученик будет усваивать всё более серьезные уроки самоотдачи и непривязанности, наблюдая за Учителем и черпая вдохновение в его жизни. В конечном счете это приведет к полной самоотдаче и преодолению.

Искатель: Что преодолевает ученик?

Амма: Свою низменную природу, или *васаны* [склонности].

Искатель: Амма, как бы ты определила, что такое эго?

Амма: Всего лишь ничтожный феномен – но разрушительный, если не проявлять осторожности.

Искатель: Но разве эго не является очень полезным и мощным инструментом для тех, кто живет в миру?

Амма: Является, если уметь им правильно пользоваться.

Искатель: Что значит «правильно»?

Амма: Амма имеет в виду, что необходимо должным образом контролировать его, проявляя способность к различению.

Искатель: К тому же стремятся и *садхаки* [духовные искатели], занимаясь духовной практикой, верно?

Амма: Да, но *садхак* постепенно обуздывает эго.

Искатель: Значит, преодолевать эго не нужно?

Амма: Обуздание и преодоление – это одно и то же. На самом деле преодолевать нечего. В конечном счете иллюзорно как эго, так и его преодоление. Только *Атман* [высшее «Я»] реален. Всё остальное иллюзорно и подобно теням или облакам, скрывающим солнце.

Искатель: Но тень укрывает нас от солнца. Мы не можем сказать, что она нереальна, не так ли?

Амма: Верно. Тень нельзя назвать нереальной. У нее есть свое назначение. Она укрывает от солнца. Но не забывай о дереве, которое отбрасывает тень. Тень не может существовать без дерева, тогда как дерево существует и без тени. Значит, тень не является ни реальной, ни нереальной. Это-то и есть *майя* [иллюзия]. Ум, или эго, не является ни реальным, ни нереальным. Тем не менее существование *Атмана* никоим образом не зависит от эго.

Предположим, мужчина и его сын идут под палящим солнцем. Чтобы укрыться от зноя, маленький мальчик идет за отцом, и тень служит ему укрытием.

Сын мой, ты прав, тень нельзя назвать нереальной, но и реальной она тоже не является. Однако у нее есть назначение. Так и эго: хотя оно не является ни реальным, ни нереальным, у него есть назначение – напоминать нам о высшей Реальности, *Атмане*, который является основой эго.

Как и тень, ни мир, ни эго не могут существовать без *Атмана*. *Атман* поддерживает всё сущее, являясь его опорой.

Искатель: Амма, возвращаясь к разговору о преодолении… Ты сказала, что и эго, и его преодоление иллюзорно. Чем же тогда является процесс Самораскрытия, или Самореализации?

Амма: Эго нереально, и нам лишь кажется, что происходит процесс преодоления эго. Даже термин «Самораскрытие» неверен, ведь высшему «Я» не нужно раскрываться. То, что всегда остается неизменным, во всех трех временных периодах, не нуждается в подобном процессе.

Все объяснения в конечном счете ведут к пониманию того, что все объяснения бессмысленны. В конце концов ты поймешь, что не было ничего, кроме *Атмана*, и в действительности не происходило никакого процесса.

Предположим, посреди густого леса находится дивный источник воды-амброзии. Однажды ты находишь его, пьешь эту воду и обретаешь бессмертие. Источник был там всегда, но ты об этом не знал. Внезапно ты осознал, что он есть, узнал о его существовании. То же самое можно сказать о внутреннем источнике чистой *шакти* [энергии]. Когда интенсивность твоих поисков и стремления познать высшее «Я» возрастает, происходит озарение, и ты вступаешь в контакт с этим источником. Когда связь устанавливается, приходит понимание, что ты никогда не был от него отделен.

К примеру, Вселенная таит в себе несметные сокровища: бесценные камни, магические зелья, лекарства от любых болезней, важную информацию об истории человечества, способы разгадать загадку мироздания и т.д. То, что могут открыть ученые прошлого, настоящего и будущего, – это лишь ничтожно малая часть того, что действительно хранит в себе Вселенная. Ничто не ново. Все изобретения – не что иное, как результат снятия покрова. Так и высшая Истина остается глубоко внутри нас, как бы скрытая покровом. Процесс открывания называется *садханой* [духовной практикой].

Таким образом, с точки зрения индивидуума, происходит процесс Самораскрытия, а, следовательно, и преодоление.

Искатель: Амма, объясни, как проявляется преодоление в различных повседневных жизненных ситуациях?

Амма: Преодоление происходит только тогда, когда мы достигаем достаточной зрелости и понимания. Эти качества вырабатываются благодаря духовной практике, сохранению позитивного отношения и некоторой степени открытости при прохождении через разные испытания в разных жизненных ситуациях. Это поможет нам избавиться от заблуждений и выйти за пределы [ограничений]. Если ты будешь понаблюдательнее, то заметишь, что отбрасывание незначительного, мелочных желаний и привязанностей и выход за их пределы – обычные явления в нашей повседневной жизни.

Ребенок любит играть со своими игрушками – например, с плюшевой обезьянкой. Он так ее обожает, что весь день повсюду носит с собой. Играя с ней, он иногда забывает о еде. А если мать пытается забрать у него игрушку, он так огорчается, что начинает плакать. Малыш даже засыпает, крепко обнимая свою обезьянку. Только тогда мать может забрать ее у него.

Но в один прекрасный день мать видит, что все игрушки, включая горячо любимую обезьянку, лежат, заброшенные, в углу его комнаты. Мальчик вдруг перерос их; он «преодолел» игрушки. Он даже улыбается, глядя, как другие дети играют. Он, должно быть, думает: «Полюбуйтесь на этого малыша, забавляющегося с игрушками». Он даже забыл, что тоже когда-то был малышом.

Ребенок бросает игрушки и начинает заниматься чем-то более сложным – возможно, кататься на трехколесном велосипеде. Но вскоре он «перерастает» и его и пересаживается на двухколесный. А став постарше, он может захотеть мотоцикл, машину и т.д. Но *садхаку* необходимо развить силу и понимание, чтобы преодолеть всё, что встречается на его пути, избрав своей целью лишь Всевышнего.

Майя

Искатель: Амма, что такое майя? Как бы ты могла ее определить?

Амма: Ум – это *майя*. Неспособность ума воспринимать мир как нечто непостоянное и изменяющееся называется *майей*.

Искатель: Еще говорят, что *майя* – это наш объективный мир.

Амма: Да, потому что он является проекцией ума. То, что не дает нам увидеть эту реальность, и есть *майя*.

Лев, сделанный из сандалового дерева, является настоящим для ребенка, но для взрослого это кусок дерева. Ребенок не замечает дерева, видя только льва. Родителям лев может тоже нравиться, но они знают, что он ненастоящий. Для них реально дерево, а не лев. Так, для человека, достигшего Самореализации, вся Вселенная – не что иное, как сущность, то «дерево», которое содержит всё, Абсолютный Брахман, или сознание.

Атеисты

Искательница: Амма, что ты думаешь об атеистах?

Амма: Не имеет значения, верит человек в Бога или нет, если он служит на благо общества.

Искательница: Значит, атеисты тебя не заботят?

Амма: Амма заботится обо всех.

Искательница: Ты думаешь, их взгляды верны?

Амма: Какая разница, что думает Амма, если они всё равно придерживаются своих взглядов?

Искательница: Амма, ты уходишь от ответа на мой вопрос.

Амма: А ты, дочь, давишь на Амму, чтобы получить нужный тебе ответ.

Искательница (*смеясь*): Ладно, Амма, я хотела бы узнать, атеизм – это всего лишь интеллектуальное построение или в том, что говорят атеисты, есть какой-то смысл?

Амма: Смысл и бессмыслица зависят от отношения человека. Атеисты твёрдо убеждены, что не существует никакой высшей силы, или Бога. Однако некоторые из них говорят так лишь на публике, а внутри являются верующими людьми.

В таких интеллектуальных построениях нет ничего особенного. Человек, обладающий острым интеллектом, может, как кажется, доказать или опровергнуть существование Бога. Атеизм основывается на логике. Как интеллектуальные построения могут доказать или опровергнуть существование Бога, который находится за пределами интеллекта?

Искательница: Таким образом, Амма, ты утверждаешь, что их точка зрения о Боге неверна?

Амма: Любая точка зрения о Боге, будь то точка зрения атеистов или кого-то другого, заведомо неверна, потому что Бога нельзя рассматривать с определенной точки зрения. Бог явится только тогда, когда все точки зрения исчезнут. Интеллектуальную логику используют для того, чтобы что-то утвердить или опровергнуть. Но это не всегда оказывается истиной.

Предположим, ты говоришь: «*У А* ничего нет в руках. *У Б* тоже ничего нет. И я ничего не вижу в руках у *В*. Следовательно, ни у кого в руках ничего нет». Это логично и звучит верно, но так ли это? Таковы интеллектуальные умозаключения.

Современные атеисты теряют много времени, пытаясь доказать, что Бога нет. Если они твердо убеждены в этом, то почему так беспокоятся? Вместо того чтобы вести интеллектуальные споры, которые являются разрушительными, лучше бы они сделали что-нибудь полезное для общества.

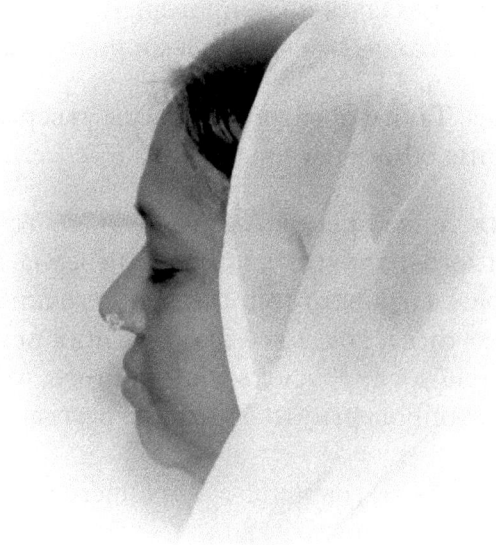

Мир

Искательница: Амма, скажи, что такое мир?

Амма: Ты спрашиваешь о внутреннем или внешнем мире?

Искательница: Я хочу знать, что такое настоящий мир.

Амма: Дочь моя, сначала скажи Амме, как *ты* понимаешь настоящий мир.

Искательница: Я думаю, мир – это счастье.

Беседы с Шри Матой Амританандамайи

Амма: Но что такое истинное счастье? Это то, что ты получаешь в результате исполнения желаний, или ты понимаешь его как-то иначе?

Искательница: Гм… Это состояние, которое наступает, когда исполняются желания, верно?

Амма: Но такие счастливые состояния недолговечны. Ты чувствуешь себя счастливой, когда исполняется какое-то желание. Однако очень скоро возникнет другое желание, и ты снова окажешься в погоне за ним. Этому нет конца, не так ли?

Искательница: Верно. Так значит, настоящее счастье – это ощущение счастья внутри?

Амма: А как ты ощущаешь счастье внутри?

Искательница (*смеясь*): Ты пытаешься загнать меня в угол.

Амма: Нет, мы приближаемся к ответу, который тебе необходим. Дочь моя, можно ли ощущать счастье внутри, если ум не спокоен? Или ты полагаешь, что настоящий мир – это чувство спокойствия и безмятежности, возникающее, когда ты ешь шоколад или мороженое?

Искательница (*смеясь*): Да ну, ты меня дразнишь.

Амма: Нет, дочь моя, Амма говорит серьезно.

Искательница (*задумчиво*): Это не мир и не счастье. Это всего лишь приятное состояние, или удовольствие.

Амма: Долго ли ты будешь чувствовать это удовольствие?

Искательница: Нет, оно приходит и уходит.

Амма: А теперь скажи Амме, можно ли назвать чувство, которое приходит и уходит, настоящим или постоянным?

Искательница: Вообще-то нет.

Амма: Тогда как его можно назвать?

Искательница: То, что приходит и уходит, обычно называют «временным» или «преходящим».

Амма: Тогда Амма задаст тебе такой вопрос: бывали ли в твоей жизни моменты, когда ты ощущала мир без всякой причины?

Искательница (*после некоторого раздумья*): Да, однажды я сидела во дворе своего дома, глядя на закат солнца. Это зрелище наполнило мое сердце неведомой радостью. В тот прекрасный миг я просто парила в состоянии безмыслия, ощущая внутри великую радость и мир. Потом я даже написала стихотворение, где описала это состояние.

Амма: Дочь моя, это и есть ответ на твой вопрос. Мир наступает, когда ум успокаивается, когда мыслей становится меньше. Меньше мыслей – значит больше мира, а больше мыслей – меньше мира. Мир и счастье без всякой причины – это и есть настоящие мир и счастье.

Счастье и мир – синонимы. Чем более ты открыта, тем больше мира или счастья ты ощущаешь, и наоборот. Трудно достичь настоящего мира, если в некоторой мере не владеешь умом.

Обретение внутреннего мира – истинный путь к обретению мира внешнего. Внутренние и внешние усилия должны идти рука об руку.

Искательница: Амма, как бы ты описала мир с духовной точки зрения?

Амма: Между духовным и мирским миром нет различия. Любовь только одна, и мир только один. Различие лишь в степени. Она зависит от того, насколько глубоко ты погружаешься. Представь, что ум – это озеро; мысли – рябь на озере. Каждая мысль или эмоциональное возбуждение подобно камню, брошенному в озеро и создающему бесчисленные волны. Медитативный ум будет напоминать цветок лотоса, плавающий на поверхности озера. Рябь, порожденная мыслями, по-прежнему сохранится, но не окажет влияния на лотос. Он будет просто плавать.

«Оставьте меня в покое! Я хочу побыть один!» – обычное выражение, которое часто приходится слышать в разгар ссоры или когда кого-то выведет из себя какой-то человек или какая-то ситуация. Но возможно ли это? Даже если мы оставим человека одного, он не ощутит никакого покоя, да он и не сможет действительно быть один. Запершись в своей комнате, он будет сидеть и прокручивать в голове то, что произошло, продолжая кипеть внутри. Он снова окажется во власти беспокойных мыслей. Настоящий мир – это глубокое чувство, которое овладевает сердцем, когда мы освобождаемся от мыслей о прошлом.

Мир – это не противоположность волнению. Это отсутствие волнения. Это абсолютно расслабленное и спокойное состояние.

Величайший жизненный урок

Искатель: Каков величайший урок, который следует усвоить человеку в жизни?

Амма: Быть привязанным к миру, относясь к нему отстраненно.

Искатель: Как могут сосуществовать привязанность и отстраненность?

Амма: Привязывайся и отстраняйся по своей воле – действуй, затем отпускай и двигайся вперед… снова действуй, отпускай и двигайся вперед. Лишний груз затрудняет путешествие, не правда ли? Так, лишний груз необузданных мечтаний, желаний и привязанностей очень отяготит твое жизненное путешествие.

Даже великие императоры, диктаторы и правители страшно страдают в конце жизни из-за того, что тащили этот лишний груз. Ничто, кроме искусства отстранения, не поможет тебе сохранять умственное спокойствие в это время.

Александр был великим воином и правителем, покорившим почти треть мира. Он хотел стать императором всего мира, но потерпев поражение в одной из битв, свалился от неизлечимого недуга. За несколько дней до смерти Александр созвал своих приближенных, чтобы обсудить процедуру похорон. Он высказал пожелание, чтобы с обеих сторон гроба были проделаны отверстия, через которые проходили бы его руки с обращенными вверх ладонями. Приближенные спросили, почему ему угодно, чтобы это было сделано. Александр объяснил, что таким образом все узнают, что «Великий Александр», посвятивший всю свою жизнь приобретению и завоеваниям, покинул этот мир с абсолютно пустыми руками. Он не взял с собой даже своего тела. Так все поймут, насколько бессмысленно растрачивать жизнь, гоняясь за миром и его объектами.

В конце мы не сможем взять с собой ничего, даже собственное тело. Так какой смысл чувствовать слишком сильную привязанность?

Искусство и музыка

Искатель: Амма, как человек искусства – музыкант – я хотел бы узнать, как мне следует относиться к своей профессии и как я могу максимально полно раскрыть свой музыкальный талант?

Амма: Искусство – это красота Бога, выраженная в форме музыки, живописи, танца и т.д. Это один из самых простых путей к осознанию своей врожденной божественности.

Многие святые обрели Бога через музыку. Поэтому тебе особенно посчастливилось, что ты музыкант. Что касается отношения к профессии – будь новичком, ребенком перед Господом, перед Божественным. Это позволит тебе задействовать беспредельные возможности твоего ума. А это, в свою очередь, поможет тебе проявлять всё больше граней твоего музыкального таланта, раскрывая его всё более глубоко.

Искатель: Но Амма, как стать ребенком, новичком?

Амма: Приняв и признав свое неведение, ты автоматически становишься новичком.

Искатель: Это я понимаю, но я не совсем невежда. Я образованный музыкант.

Амма: Какое у тебя образование?

Искатель: Я изучал музыку шесть лет и четырнадцать лет выступаю на сцене.

Амма: Насколько велико пространство?

Искатель (*недоуменно*): Я не понимаю твоего вопроса.

Амма (*улыбаясь*): Ты не понимаешь вопроса, потому что не понимаешь пространства, не так ли?

Искатель (*пожав плечами*): Возможно.

Амма: Возможно?

Искатель: Но где связь между моим вопросом и твоим «Насколько велико пространство?»

Амма: Связь есть. Чистая музыка велика, как пространство. Она – Бог. Она – чистое знание. Секрет в том, чтобы позволить чистому звуку Вселенной течь через тебя. Невозможно изучить музыку за 20 лет. Быть может, ты пел последние 20 лет, но по-настоящему понимать музыку – значит познать ее как свое собственное высшее «Я». Для того чтобы познать музыку, как свое высшее «Я», необходимо позволить ей полностью захватить тебя. Для того чтобы больше музыки смогло вместиться в твое сердце, тебе необходимо создать внутри больше пространства. Чем больше мыслей, тем меньше пространства. А теперь подумай: «Сколько внутри меня пространства, которое может занять чистая музыка?»

Если ты действительно хочешь, чтобы твой музыкальный талант раскрывался всё более полно, сократи количество ненужных мыслей и освободи больше пространства, чтобы в тебе струилась энергия музыки.

Живой источник любви

Искатель: Амма, как научиться любить чистой невинной любовью, о которой ты говоришь?

Амма: Можно научиться только тому, что тебе несвойственно. Но любовь – твоя истинная природа. Внутри тебя струится живой источник любви. Открой его, правильно используй – и *шакти* [энергия] Божественной любви наполнит твое сердце, бесконечно расширяясь внутри тебя. Ты не можешь *сделать* так, чтобы это случилось – ты можешь лишь правильно настроить себя, чтобы это произошло.

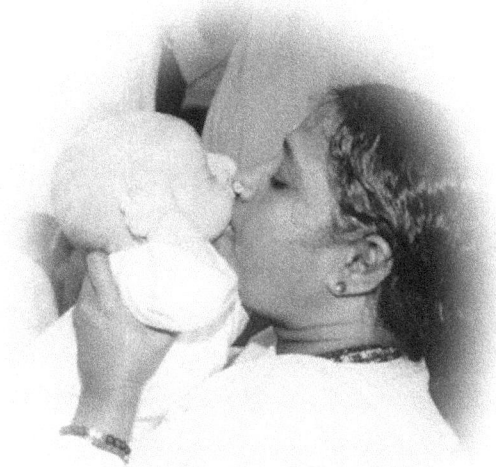

Почему ты обнимаешь?

Искатель: Амма, ты обнимаешь всех. Кто обнимает тебя?

Амма: Всё Творение обнимает Амму. В действительности, Амма и Творение пребывают в вечном объятии.

Искатель: Амма, почему ты обнимаешь людей?

Амма: Это всё равно что спросить реку: «Почему ты течёшь?»

Каждое мгновение – бесценный урок

Шел утренний даршан. Амма только что закончила отвечать на вопросы своих детей – была длинная очередь. Глубоко вздохнув, я собрался сделать перерыв, как вдруг передо мной появился преданный и подал мне записку. Это был еще один вопрос. Честно говоря, я был слегка раздражен. Тем не менее я взял записку у преданного и спросил его: «Вы можете подождать до завтра? На сегодня мы уже закончили».

Он сказал: «Это важно. Почему нельзя спросить сейчас?» – Мне показалось (может быть, это было лишь игрой моего воображения), что у него в голосе звучали требовательные нотки.

«Неужели нужно объяснять, почему?» – парировал я.

Он не сдавался: «Вы не обязаны этого делать, но нельзя ли спросить Амму? Может быть, она захочет ответить на мой вопрос».

Я ничего не ответил и стал смотреть в другую сторону. Амма давала *даршан*. Наш разговор происходил за ее креслом. Мы оба говорили тихо, но решительно.

Внезапно Амма обернулась и спросила меня: «Ты что, устал? Хочешь спать? Ты ел?»

Я был изумлен и вместе с тем пристыжен, так как понял, что она слышала наш разговор. Надо сказать, я вел себя глупо. Мне следовало знать, к чему может привести такое поведение. Несмотря на то, что Амма была занята *даршаном*, а мы разговаривали тихо, ее глаза всё видят, уши всё слышат, и она воспринимает всё всем своим существом.

Амма продолжала: «Если ты устал, пойди отдохни, но сначала переведи вопрос этого сына. Учись быть внимательным к людям. Не считай догмой то, что считаешь правильным».

Я извинился перед мужчиной и перевел Амме его вопрос. Амма с любовью ответила на него, разрешив тревожившую преданного проблему, и он ушел удовлетворенный. Разумеется, как он и говорил, вопрос был важным.

После того как он ушел, Амма сказала: «Послушай, сын мой, когда ты негативно реагируешь на кого-то, ты неправ, а тот человек, скорее всего, прав. Тот, чей ум пребывает в более уравновешенном состоянии, яснее воспринимает ситуацию. Негативная реакция делает тебя слепым. Подобное отношение мешает тебе видеть других людей и быть внимательным к их чувствам.

Прежде чем дать резкий ответ, ведь можно сделать паузу и попросить человека: "Подождите немного, дайте мне обдумать Ваши слова. Возможно, Вы правы, а я заблуждаюсь"? Если у тебя хватит мужества сказать так, то это покажет, что тебе, по крайней мере, не безразличны чувства этого человека. Это предотвратит многие неприятности, которые могли бы впоследствии возникнуть».

Так я получил еще один бесценный урок от великого Учителя и преисполнился чувства смирения.

Понять просветленного

Искатель: Можем ли мы нашим умом понять Махатму?

Амма: Прежде всего, Махатму невозможно понять. Его можно лишь воспринять через опытное переживание. Из-за своей колеблющейся, сомневающейся природы ум не в состоянии познать что-либо таким, каково оно есть, даже если это мирской объект. Например, когда ты хочешь по-настоящему ощутить цветок, ум останавливается, и начинает действовать нечто иное, находящееся за его пределами.

Искатель: Амма, ты сказала: «…ум останавливается, и начинает действовать нечто иное, находящееся за его пределами». Что это?

Амма: Можно назвать это сердцем, но по сути это состояние временной глубокой тишины – умственный покой, прекращение течения мыслей.

Искатель: Амма, когда ты говоришь «ум», что ты под этим подразумеваешь? Ты имеешь в виду только мысли или нечто большее?

Амма: Ум включает в себя память, то есть хранилище прошлого, а также мышление, сомнение, определение и чувство «я».

Искатель: А эмоции?

Амма: Они тоже являются частью ума.

Искатель: Значит, когда ты говоришь: «...ум не в состоянии понять Махатму», ты имеешь в виду, что посредством этого сложного механизма невозможно познать то состояние, в котором утвердился Махатма?

Амма: Да. Человеческий ум совершенно непредсказуем и очень коварен. Искателю истины важно знать, что он не может распознать *Садгуру* [истинного Учителя]. Для этого нет никаких критериев. Один пьяница может узнать другого. Два заядлых игрока без труда поймут друг друга. Один скряга может узнать другого скрягу. Все они обладают схожим умственным складом. Но нет критериев, которые помогли бы распознать *Садгуру*. Ни наши внешние глаза, ни наш ум не могут воспринять великое существо. Для этого нужна специальная подготовка – *садхана* [духовная практика]. Лишь постоянная *садхана* поможет нам обрести силу, чтобы проникнуть сквозь поверхность ума и погрузиться вглубь. Как только ты проникнешь сквозь поверхность ума, то окажешься среди бесчисленных слоев эмоций и мыслей. Чтобы пройти сквозь все эти сложно организованные грубые и тонкие уровни ума и выйти за их пределы, *садхаку* [духовному искателю] необходимо постоянное водительство *Садгуру*. Проникновение на глубинные уровни ума, прохождение через различные слои и успешный выход из них называется *тапасом* [аскезой]. Всё это, включая окончательное преодоление [ограничений ума], возможно лишь благодаря безусловной милости *Садгуру*.

Ум всегда чего-то ожидает. Ожидание – основа существования ума. Махатма не будет оправдывать ожиданий ума и потакать его желаниям. Чтобы воспринять чистое сознание Учителя, необходимо преодолеть это свойство ума – ожидать чего-то.

Неиссякаемая энергия Аммы

Искатель: Амма, у тебя когда-нибудь возникает желание перестать выполнять твою работу?

Амма: То, что делает Амма, – это не работа. Это поклонение. В поклонении Богу есть лишь чистая любовь. Поэтому это не работа. Амма поклоняется своим детям, как Богу. Дети мои, вы все Бог Аммы.

В любви нет ничего сложного. Она проста, естественна и поистине является нашей природой. Поэтому это не работа. Что касается Аммы, то для нее обнимать своих детей – это самый простой путь выражения любви к ним и ко всему сущему. Работа вызывает утомление и поглощает энергию, а любовь никогда не может быть утомительной или скучной. Напротив, она постоянно наполняет сердце всё новой и новой энергией. От чистой любви в тебе рождается чувство легкости цветка. Чувство тяжести и обремененности исчезает. Эго – вот что порождает бремя.

Солнце никогда не перестанет светить, ветер – дуть, а река – течь. Они никогда не скажут: «Довольно! Мы делали одно и то же на протяжении многих веков; настала пора перемен». Нет, они никогда не смогут остановиться. Они будут продолжать делать то же самое, пока существует мир, потому что такова их природа. Так и Амма не может перестать дарить любовь своим детям, потому что ей никогда не наскучит любить их.

Скука наступает только тогда, когда нет любви. Тогда возникает охота к постоянной перемене мест и вещей. А там, где любовь, ничто не надоедает. Всё остается вечно новым и свежим. Тем не менее для Аммы настоящее гораздо важнее, чем то, что нужно будет сделать завтра.

Искатель: Значит ли это, что ты будешь продолжать давать *даршан* еще многие годы?

Амма: Пока эти руки способны хоть немного двигаться, чтобы простираться к тем, кто приходит к Амме, пока у нее есть хоть немного силы и энергии, чтобы положить руки на плечо плачущего человека, успокоить его и вытереть его слезы, Амма будет продолжать давать *даршан*. С любовью ласкать людей, утешать их и утирать их слезы, пока существует эта смертная оболочка, – таково желание Аммы.

Амма дает *даршан* вот уже 35 лет. Милостью *Параматмана* [Высшей Души] Амме еще ни разу не приходилось отменять *даршан* или программу из-за физического недуга. Амма не беспокоится о следующем мгновении. Любовь – в настоящем, счастье – в настоящем, Бог – в настоящем и просветление – тоже в настоящем. Так зачем без нужды беспокоиться о будущем? То, что происходит сейчас, гораздо важнее того, что произойдет потом. Если настоящее столь прекрасно и наполнено, к чему волноваться о будущем? Пусть будущее само развернется из настоящего.

Пропавший сын нашелся

Доктор Джаггу живет в ашраме [духовном центре] Аммы в Индии. Недавно родственники дали ему денег, чтобы он мог отправиться в путешествие по Европе вместе с Аммой. К тому времени, как он получил визу, Амма и сопровождавшая ее группа уже покинули Индию. Тем не менее мы были рады, что Джаггу присоединится к нам в Бельгии – в Антверпене.

Для Джаггу это была первая поездка за рубеж. Он никогда раньше не летал на самолете. Поэтому мы заранее договорились, чтобы его встретили в аэропорту. Преданные ждали его в машине возле выхода из здания аэропорта, но Джаггу не появился. Служащие аэропорта подтвердили, что пассажир по имени Джаггу прибыл рейсом из лондонского аэропорта «Хитроу». Они сообщили, что самолет приземлился в Международном аэропорту Брюсселя примерно в 16:00. С тех пор прошло четыре часа, однако никаких известий о докторе Джаггу не поступало.

Местные преданные обыскали всё здание аэропорта с помощью его сотрудников. Имя Джаггу несколько раз объявляли по системе громкой связи. Никакого ответа. Джаггу нигде не было видно.

В конце концов, все были вынуждены признать, что доктор Джаггу где-то потерялся – либо в гигантском аэропорту, либо в городе Брюсселе, отчаянно пытаясь добраться до места, где проходила встреча с Аммой.

Тем временем Амма безмятежно репетировала новые *бхаджаны* [духовные песнопения], спокойно сидя в окружении преданных. Поскольку все переживали из-за неожиданного исчезновения Джаггу, я рассказал о случившемся Амме во время пения. Я ожидал, что она проявит сильную материнскую озабоченность. К моему удивлению, Амма повернулась и сказала лишь: «Спой-ка следующую песню».

Я расценил это как добрый знак. Видя невозмутимость Аммы, я сказал преданным: «Думаю, что с Джаггу всё в порядке, потому что Амма абсолютно спокойна. Если бы что-то было не так, она бы непременно проявила беспокойство».

Несколько минут спустя пришел Брахмачарин Даямрита и объявил: «Джаггу только что появился у центрального входа». Почти сразу же после того, как он это произнес, вошел доктор Джаггу. На его лице сияла широкая улыбка.

Доктор Джаггу поведал нам историю своих приключений, из которой следовало, что он действительно потерялся: «Когда я вышел из аэропорта, меня никто не ждал. Я не знал, что делать. Хотя я немного волновался, я твердо верил, что Амма пошлет кого-нибудь ко мне на помощь. К счастью, у меня был с собой адрес зала, где проходит встреча с Аммой. Одна супружеская пара сжалилась надо мной и помогла мне доехать досюда».

Амма сказала: «Амма прекрасно знала, что с тобой всё в порядке. Поэтому Амма не беспокоилась, когда ей сообщили, что ты потерялся».

Позже вечером я спросил у Аммы, откуда она узнала, что с Джаггу всё в порядке. Она ответила: «Амма просто знала это».

«Но как?» – допытывался я, заинтригованный.

Амма сказала: «Точно так же, как ты видишь в зеркале свое отражение, Амма видела, что он в безопасности».

Я спросил: «Ты видела, что кто-то помогает Джаггу, или ты вдохновила ту супружескую пару помочь ему?» Амма больше ничего не сказала, хоть я и повторил свой вопрос еще несколько раз.

Насилие

Искатель: Амма, могут ли насилие и война быть средствами достижения мира?

Амма: Война не может быть средством достижения мира. Это истина, которую явила нам история. Если в сознании людей не произойдет трансформация, мир останется лишь призрачной мечтой. Произвести эту трансформацию может лишь духовное мышление и духовный образ жизни. Поэтому никакую ситуацию никогда не удастся исправить путем войны.

Мир и насилие – противоположности. Насилие – это сильная реакция, а не ответ. Реакция порождает новую реакцию. Это простая логика. Амма слышала, что в Англии существовал своеобразный обычай наказывать воров. Жулика выводили на площадь в чем мать родила и пороли его на глазах у большой толпы. Замысел состоял в том, чтобы весь город узнал о суровом наказании, которое обрушится на каждого, кто совершит кражу. Однако вскоре эту систему пришлось отменить, так как подобные сборища создавали благоприятную обстановку для воров-карманников. Пока люди были поглощены зрелищем, жулики залезали к ним в карманы. Место наказания само стало рассадником преступлений.

Искатель: Значит ли это, что не должно быть вообще никакого наказания?

Амма: Нет-нет, вовсе нет. Поскольку большинство людей не умеют пользоваться свободой так, чтобы приносить пользу обществу, определенная мера страха – в осознании: «Я понесу наказание, если не буду подчиняться закону» – полезна. Однако путь насилия и войны для установления мира и гармонии в обществе не принесет устойчивого результата. Просто по той причине, что насилие травмирует чувства и наносит глубокие раны, которые остаются в общественной памяти, что впоследствии проявляется как еще более жестокое насилие и конфликты.

Искатель: Так каково же решение?

Амма: Делай всё возможное, чтобы расширить свое индивидуальное сознание. Лишь расширенное сознание способно на истинное понимание. Только обладающие таким сознанием люди смогут изменить взгляды, господствующие в обществе. Вот почему духовность так важна в сегодняшнем мире.

Неведение – вот в чем проблема

Искатель: Существует ли различие между проблемами у людей в Индии и на Западе?

Амма: С внешней точки зрения, проблемы у людей в Индии и на Западе – разные. Однако главная проблема, первопричина всех проблем, повсюду в мире одна и та же. Это неведение, неведение относительно нашей внутренней сути – *Атмана* [высшего «Я»].

Чрезмерно большая забота о физическом благополучии и чрезмерно малая забота о благополучии духовном – примета нашего времени. Акцент должен сместиться. Амма не говорит, что людям не нужно заботиться о своем теле и физическом существовании. Нет, не в этом дело. Основная проблема заключается в путанице между вечным и преходящим. Преходящему, то есть телу, уделяется слишком большое внимание, а вечное, то есть *Атман*, полностью забывается. Такое отношение нужно изменить.

Искатель: Ты полагаешь, есть возможность, что наше общество изменится?

Амма: Возможности есть всегда. Вопрос в том, хочет ли измениться общество и составляющие его индивидуумы.

Все ученики в классе имеют одинаковые возможности. Однако объем знаний, который получит ученик, зависит от его способности усваивать материал.

В сегодняшнем мире каждый хочет, чтобы первым изменился кто-то другой. Трудно найти людей, которые искренне считают, что они должны измениться сами. Вместо того чтобы думать, что другие должны измениться первыми, каждый должен стремиться изменить себя. Пока не произойдет трансформация в нашем внутреннем мире, во внешнем мире едва ли что-нибудь изменится.

О толковании смирения

В ответ преданному, который задал вопрос о смирении.

Амма: Обычно, когда мы говорим: «Этот человек очень смиренный», это означает лишь: «Он поддержал мое эго и помог ему остаться целым и невредимым. Я хотел, чтобы он что-то для меня сделал, и он безоговорочно повиновался. Следовательно, он очень смиренный человек». Вот что на самом деле означает это утверждение. Однако в тот момент, когда «смиренный человек» откроет рот и возразит нам, даже если на это будут основания, наше мнение изменится. Теперь мы скажем: «Он вовсе не такой смиренный, как я думал». Это означает: «Он задел мое эго, следовательно, он не смиренный».

Особенные ли мы?

Журналист: Амма, как ты думаешь, люди в этой стране особенные?

Амма: Для Аммы всё человечество, всё Творение – особенное, потому что божественность присуща каждому. Амма видит божественность в жителях и этой страны. Так что вы все особенные.

Самопомощь и самопомощь

Искатель: На Западе стали очень популярны методы самопомощи и книги по самопомощи. Амма, скажи, пожалуйста, что ты об этом думаешь?

Амма: Всё зависит от того, какой смысл вкладывается в понятие «самопомощь».

Искатель: Что ты имеешь в виду?

Амма: Это Самопомощь или самопомощь?

Искатель: В чем разница?

Амма: Настоящая Самопомощь помогает твоему сердцу расцвести, тогда как самопомощь укрепляет эго.

Искатель: Что же ты предлагаешь, Амма?

Амма: «Прими Истину» – вот совет Аммы.

Искатель: Я не понимаю.

Амма: Это именно то, что делает эго. Оно не позволяет тебе принять Истину или что-либо правильно понять.

Искатель: Как увидеть Истину?

Амма: Чтобы увидеть Истину, сначала необходимо увидеть ложь.

Искатель: Эго – это на самом деле иллюзия?

Амма: Ты согласишься с этим, если Амма скажет, что это так?

Искатель: Гм… если хочешь.

Амма (*смеясь*): Если *Амма* хочет? Вопрос в том, хочешь ли *ты* услышать и принять Истину?

Искатель: Да, я хочу услышать и принять Истину.

Амма: Тогда Истина – это Бог.

Искатель: Это означает, что эго нереально?

Амма: Эго нереально. Оно – источник неприятностей в тебе.

Искатель: Так значит, все повсюду носят с собой этот источник неприятностей?

Амма: Да, люди становятся ходячими неприятностями.

Искатель: Так что же делать?

Амма: Если ты хочешь укрепить эго, тогда помоги своему «я» стать сильнее. Если же тебе нужна Самопомощь, то обратись за помощью к Богу.

Искатель: Многие боятся потерять свое эго. Они полагают, что это оплот их существования в этом мире.

Амма: Если ты действительно намерен прибегнуть к помощи Бога, чтобы найти истинное «Я», то тебе не следует бояться потерять маленькое «я» – эго.

Искатель: Но укрепление эго приносит нам различные мирские плоды. Это можно ощутить прямым и непосредственным образом. Невозможно столь же прямо и непосредственно ощутить то состояние, которое наступит после исчезновения эго.

Амма: Вот почему на пути к истинному «Я» столь важна вера. Для того чтобы всё правильно работало и давало нужный результат, необходимо установить правильный контакт и задействовать правильные источники. В духовности и контакт, и источник находятся внутри. Дотронься до него, и тогда ты получишь прямое и непосредственное переживание.

Эго – всего лишь маленький огонек

Амма: Эго – маленький огонек, который может погаснуть в любое мгновение.

Искатель: Как бы ты описала эго в этом контексте?

Амма: Всё, что ты приобретаешь, – имя, слава, деньги, власть, положение в обществе – только подливает масла в маленький огонек эго, который может погаснуть в любое мгновение. Даже тело и ум – составляющие эго. Они по природе своей преходящи, поэтому тоже являются частью этого несущественного огонька.

Искатель: Но Амма, для нормального человека все эти составляющие важны.

Амма: Конечно, важны. Но это не значит, что они постоянны. Они пусты, потому что непостоянны. Ты можешь их потерять в любой момент. Время отнимет их у тебя без всякого предупреждения. Ты можешь пользоваться и наслаждаться ими, но считать их вечными – заблуждение. Иными словами, пойми, что они преходящи и не очень гордись ими.

Установление внутренней связи с вечным и неизменным – с Богом, или высшим «Я», – вот самое важное в жизни. Бог – источник, подлинный центр нашей жизни и существования. Всё остальное находится на периферии.

Подлинная Самопомощь приходит только тогда, когда ты устанавливаешь связь с Богом, настоящим *бинду* [центром], а не периферией.

Искатель: Амма, разве мы что-нибудь приобретем, если погасим этот маленький огонек эго? Напротив, мы можем даже потерять себя.

Амма: Конечно, погасив маленький огонек эго, ты потеряешь себя – маленького, ограниченного индивидуума. Но это ничто по сравнению с тем, что ты приобретешь в результате этой кажущейся потери – солнце чистого знания, неугасимый свет. Более того, когда ты теряешь свое маленькое, ограниченное «я», ты становишься единым целым с тем, что громаднее громадного, – со Вселенной, с безусловным сознанием. Для того чтобы это произошло, необходимо постоянное руководство *Садгуру* [истинного Учителя].

Искатель: Потерять себя?! Разве это не страшно?

Амма: Это лишь потеря маленького «я». Наше истинное «Я» невозможно потерять. Тебе страшно, потому что ты очень сильно отождествляешь себя со своим эго. Чем больше эго, тем тебе страшнее, и тем более ты уязвим.

Новости

Журналист: Амма, каково твое мнение о новостях и средствах массовой информации?

Амма: Очень положительное, если они исполняют свои обязанности перед обществом честно и правдиво. Они совершают важное для человечества служение.

Амма слышала такую историю: однажды группу мужчин послали на год работать в лес. Туда же отправили двух женщин, чтобы готовить им еду. После окончания контракта двое рабочих из этой группы женились на этих женщинах. На следующий день в газете опубликовали горячую новость: «Два процента мужчин женятся на ста процентах женщин!»

Журналисту понравилась эта история, и он от души рассмеялся.

Амма: Такая манера подачи новостей хороша для юмористического раздела, а не для заслуживающих доверия информационных статей.

Шоколадная конфета и третий глаз

Один преданный заснул во время медитации. Амма бросила в него шоколадную конфетку. Шоколадка попала точно в цель: в место прямо между бровями. Мужчина вздрогнул и открыл глаза. Держа конфету в руке, он принялся оглядываться по сторонам, пытаясь понять, откуда она к нему попала. Видя его замешательство, Амма рассмеялась. Когда он понял, что это Амма бросила в него конфету, его лицо засветилось. Он дотронулся конфетой до лба, как бы кланяясь ей. Но в следующий момент он громко засмеялся, а потом поднялся с места и подошел к Амме.

Искатель: Конфета попала в правильную точку: между бровями, в духовный центр. Может быть, это поможет открыть мой третий глаз.

Амма: Нет.

Искатель: Почему?

Амма: Потому что ты сказал «может быть»; это означает, что ты сомневаешься. Твоя вера не является абсолютной. Как у тебя может открыться третий глаз, если ты не имеешь веры?

Искатель: Ты хочешь сказать, что это бы произошло, будь у меня абсолютная вера?

Амма: Да. Если ты обладаешь абсолютной верой, Реализация может наступить в любое время, в любом месте.

Искатель: Серьезно?

Амма: Конечно.

Искатель: Боже мой… так я упустил такую возможность!

Амма: Не переживай, будь бдительным и осознанным. У тебя еще будут возможности. Наберись терпения и продолжай прилагать усилия.

Несколько разочарованный, мужчина повернулся и собрался вернуться на свое место.

Амма (*похлопав его по спине*)**:** Кстати, почему ты так громко засмеялся?

Услышав этот вопрос, преданный опять расплылся в улыбке.

Искатель: Когда я задремал во время медитации, мне снился удивительный сон. Мне снилось, что ты бросила в меня шоколадную конфету, чтобы разбудить меня. Неожиданно я проснулся. Только спустя некоторое время я понял, что ты и в самом деле бросила конфету.

Мужчина, Амма и все сидящие вокруг преданные дружно рассмеялись.

Сущность просветления

Искатель: Есть ли что-то, о чем ты особенно беспокоишься, или что тебе особо приятно?

Амма: Внешняя Амма беспокоится о благополучии своих детей. Помогая своим детям расти духовно, она иногда может быть довольна или недовольна ими. Однако внутренняя Амма невозмутима и бесстрастна, она пребывает в состоянии постоянного блаженства и покоя. Ее не затрагивает ничто происходящее вовне, ибо она полностью осознает целостную картину.

Искатель: Для описания этого высшего состояния используется множество определений. Например, устойчивое, твердое, непоколебимое, неизменное и т.д. Создается такое впечатление, что это что-то жесткое, как камень. Амма, помоги мне, пожалуйста, лучше понять это состояние.

Амма: Эти слова используются для того, чтобы передать внутреннее состояние отрешенности, способности наблюдать и быть свидетелем всего, что происходит, – смотреть на все жизненные обстоятельства со стороны.

Однако в состоянии просветления человек не становится бесчувственным, как камень. Просветление – это состояние ума, духовное достижение, в которое ты можешь погрузиться и в котором можешь пребывать, когда пожелаешь. После того как ты откроешь неиссякаемый источник энергии, ты обретешь способность всё чувствовать и выражать с особой, неземной красотой и глубиной. Просветленный человек может при желании выражать эмоции с любой силой.

Шри Рама плакал, когда царь демонов, Равана, похитил его супругу, Ситу. Сокрушаясь, как простой смертный, он спрашивал каждое существо в лесу: «Видели ли вы мою Ситу? Куда она ушла, оставив меня одного?» Глаза Кришны были полны слез, когда он увидел своего дорогого друга Судаму после долгой разлуки. Подобные случаи были также в жизни Христа и Будды. Эти Махатмы были велики, как беспредельное пространство, и поэтому могли по своему желанию отразить любую эмоцию. Они отражали, а не реагировали.

Искатель: Отражали?

Амма: Махатмы откликаются на различные ситуации абсолютно непроизвольно, подобно зеркалу. Есть, когда ты голоден, – это отклик. А есть всякий раз, когда ты видишь еду, – это реакция. Это также болезнь. Махатма откликается на определенную ситуацию, оставаясь при этом не затронутым ею, а затем переключается на то, что несет с собой следующее мгновение.

Естественное и искреннее ощущение и выражение эмоций лишь умножает духовное великолепие и славу просветленного существа. Неправильно считать это слабостью. Скорее это должно восприниматься как выражение его сострадания и любви на человеческом уровне. Как иначе обычные люди могли бы понять его заботу и любовь?

Видящий

Искатель: Что не позволяет нам познать Бога?

Амма: Чувство отличия.

Искатель: Как нам избавиться от него?

Амма: Больше сознавая, больше осознавая.

Искатель: Сознавая что?

Амма: Сознавая всё, что происходит внутри и снаружи.

Искатель: Что необходимо для большего осознания?

Амма: Осознание наступает, когда ты понимаешь, что всё, проецируемое умом, бессмысленно.

Искатель: Амма, в Писаниях сказано, что ум инертен, а ты говоришь, что он что-то проецирует. Это кажется мне противоречием. Как ум может что-либо проецировать, если он инертен?

Амма: Точно так же, как люди, особенно дети, воображают различные формы в бескрайнем небе. Глядя на небо, маленькие дети говорят: «Вон колесница, а вон демон! Ой! Посмотри-ка на сияющее лицо небесного существа!» – и так далее. Означает ли это, что эти формы действительно есть на небе? Нет, дети просто воображают их. На самом деле это облака принимают различные формы. Небо, беспредельное пространство, просто есть – все имена и формы наложены на него.

Искатель: Но если ум инертен, как он может что-то наложить на *Атман* или чем-то закрыть его?

Амма: Хоть и кажется, что «видит» ум, настоящий видящий – *Атман*. Накопленные склонности, составляющие ум, подобны очкам. Каждый человек носит очки разного цвета. В зависимости от цвета очков, мы по-разному видим мир и судим о нем. За очками пребывает *Атман*, как свидетель, просто освещая всё вокруг своим присутствием. Но мы ошибочно принимаем ум за *Атмана*. Предположим, мы носим розовые очки – разве, когда мы смотрим через них, мир не кажется нам розовым? Так кто здесь настоящий видящий? Мы – настоящие видящие, а очки просто инертны, не так ли?

Мы не сможем увидеть солнце, если встанем за деревом. Означает ли это, что дерево способно закрыть солнце? Нет, это просто показывает ограниченность наших глаз и зрения. Точно так же и с чувством, что ум способен закрыть *Атмана*.

Искатель: Если мы по природе своей являемся *Атманом*, то почему должны прилагать усилия, чтобы познать его?

Амма: Люди ошибочно полагают, что могут достичь всего благодаря усилиям. На самом деле усилие – это гордыня в нас. Во время нашего путешествия к Богу все усилия, которые исходят из эго, будут тщетны; они не увенчаются успехом. В этом заключено Божественное послание – послание о необходимости милости Божьей и предания себя Богу. Это помогает нам осознать ограниченность наших усилий, нашего эго. Иными словами, усилия учат нас тому, что мы не сможем достичь наших целей благодаря одним лишь усилиям. В конечном счете решающим фактором является милость Божья.

Будь то стремление к Богореализации или к осуществлению мирских желаний, милость – это тот фактор, благодаря которому достигается цель.

Чистота – это Божественная шакти

Искатель: Может ли чистый человек быть слабым?

Амма: «Чистота» – это слово, которое очень часто толкуется неверно. Его даже используют в отношении пассивных и робких людей. Невежественных и неграмотных тоже часто считают чистыми. Невежественность – это не чистота. Невежественность – это отсутствие истинной любви, способности к различению и понимания, тогда как истинная чистота – это чистая любовь, наделенная способностью к различению и пониманием. Это *шакти* [Божественная энергия]. Даже в робком человеке присутствует эго. Истинно чистый человек тот, в котором нет эго, поэтому он – самый сильный.

Амма не может иначе

Амма (обращаясь к преданной во время даршана): О чем ты думаешь?

Преданная: Я спрашивала себя, как ты можешь сидеть, принимая людей, так долго, часами, с таким абсолютным терпением и излучая столько света.

Амма (*смеясь*): Дочь, почему ты всё время о чем-то думаешь, не прерываясь ни на мгновение?

Преданная: Это происходит само собой. Я не могу иначе.

Амма: Вот тебе и ответ: это происходит само собой, Амма не может иначе.

Подобно узнаванию любимой

Один мужчина задал Амме вопрос об отношении «любящий и любимый» у искателя истины, следующего по пути преданности.

Амма: Любовь может возникнуть где угодно и когда угодно. Это всё равно что узнать в толпе любимую. Ты видишь, что она стоит среди тысяч других людей, но твои глаза видят только ее одну. Ты понимаешь, что это она, вступаешь в общение и влюбляешься, не так ли? Ты не думаешь – мысли затихают, и вдруг ты на несколько мгновений погружаешься в сердце. Ты пребываешь в любви. Всё это происходит за какую-то долю секунды. Ты оказываешься прямо в центре своего сердца, которое суть чистая любовь.

Искатель: Если там истинный центр любви, что заставляет нас покинуть это место, увлекает прочь?

Амма: Собственническое чувство – иначе говоря, привязанность. Она убивает красоту этого чистого ощущения. Когда привязанность пересиливает, человек сбивается с пути и любовь превращается в мучение.

Чувство отличия

Искатель: Смогу ли я достичь самадхи[6] в этой жизни?

Амма: Почему бы и нет?

Искатель: В таком случае что мне делать, чтобы ускорить этот процесс?

Амма: Прежде всего, забудь о *самадхи* и с твердой верой полностью сосредоточься на *садхане* [духовной практике]. Истинный *садхак* [духовный искатель] больше верит в настоящее, чем в будущее. Когда мы верим в настоящее, вся наша энергия тоже здесь и сейчас. В результате наступает самоотдача. Отдайся настоящему мгновению, и это случится.

Всё происходит само собой, когда ты отстраняешься от ума. Когда ты отстранишься от ума, ты будешь полностью пребывать в настоящем. Ум – это «другой» в тебе. Это ум порождает чувство отличия.

Амма расскажет тебе историю. Жил-был один известный архитектор. У него было несколько учеников. С одним из них у архитектора были особенные отношения. Он не брался ни за одну работу, пока не получал одобрение этого ученика. Если ученик забраковывал какой-либо рисунок или набросок, архитектор немедленно его отвергал. Он чертил набросок за наброском, пока ученик не произносил

---

6 *Самадхи* может означать высшее состояние медитации, в котором ум непрерывно и неуклонно течет по направлению к избранному объекту сосредоточения. *Самадхи* может также означать состояние Самореализации.

189

«да». Архитектор был одержим мнением этого ученика. Он не предпринимал никаких дальнейших шагов, пока ученик не говорил: «Хорошо, сэр, продолжайте работу над этим проектом».

Однажды им заказали спроектировать дверь для храма. Архитектор начал делать наброски. Как обычно, каждый из них был представлен на суд ученика. Тот отверг все. Архитектор работал день и ночь, создавая сотни новых эскизов. Но ученику не нравился ни один. Подходил срок, очень скоро они должны были закончить работу. Однажды архитектор послал ученика наполнить ручку чернилами. Тот долго не возвращался. Тем временем архитектор был поглощен созданием очередного эскиза. Как раз в тот момент, когда ученик вошел в комнату, он закончил новый набросок и, показывая его ученику, спросил: «Что ты думаешь?»

«Это именно то, что надо!» – с энтузиазмом воскликнул тот.

«Теперь я понимаю, в чем дело! – сказал архитектор. – До сих пор я был одержим твоим присутствием и мнением. Из-за этого я не мог на все сто процентов погрузиться в работу. Когда ты ушел, я почувствовал себя свободным, расслабился и отдался моменту. Вот почему у меня всё получилось».

В действительности препятствием было не присутствие ученика, а привязанность архитектора к его мнению. Как только ему удалось отстраниться от него, он внезапно оказался в настоящем и началось истинное творчество.

Думая, что *самадхи* – это то, что произойдет в будущем, ты сидишь, мечтая о нем. Ты растрачиваешь огромное количество *шакти* [Божественной энергии], грезя о *самадхи*. Правильно направь эту *шакти*: используй ее, чтобы сконцентрироваться в настоящем – и медитация, или *самадхи*, наступит естественным образом. Цель не в будущем – она в настоящем. Быть в настоящем – это поистине *самадхи*, и это настоящая медитация.

Бог имеет мужское или женское начало?

Искатель: Амма, Бог имеет мужское или женское начало?

Амма: Бог – не «он» и не «она». Бог – вне таких ограниченных определений. Бог – «Оно» или «То». Но если тебе необходимо определить Бога с помощью местоимения «он» или «она», то «она» подходит лучше, потому что «она» содержит в себе «его».

Искатель: Такой ответ может обидеть мужчин, потому что ставит женщин выше.

Амма: Не следует ставить выше ни мужчину, ни женщину, потому что Бог дал каждому из них свое уникальное место. Мужчины и женщины были созданы не для соперничества, а для того чтобы дополнять жизнь друг друга.

Искатель: Что ты имеешь в виду, говоря «дополнять»?

Амма: Поддерживать друг друга и вместе идти по пути к совершенству.

Искатель: Амма, а ты не находишь, что многие мужчины ощущают превосходство по отношению к женщинам?

Амма: И чувство «я выше», и чувство «я ниже» – порождение эго. Если мужчины думают: «Мы выше женщин», это лишь показывает их раздутое эго, что, несомненно, является большой слабостью, а также разрушительно. Если женщины думают, что они ниже мужчин, это означает лишь: «Сейчас мы ниже, но хотим быть выше». Что это, если не эго? И то, и другое – неправильное и нездоровое отношение, которое только увеличивает разрыв между мужчинами и женщинами. Если мы не построим мост между двумя берегами, относясь с уважением и любовью как к мужчинам, так и к женщинам, то будущее человечества станет только мрачнее.

Духовность рождает равновесие

Искатель: Амма, когда ты сказала, что Бог – скорее «она», чем «он», ты ведь имела в виду не внешний вид?

Амма: Нет, дело не во внешнем виде. Значение имеет только внутреннее осознание. В каждом мужчине есть женщина, и наоборот. Женщина в мужчине – то есть истинная любовь и сострадание – должна пробудиться. Таково значение существующего в индуизме образа Ардханаришвары (полубога-полубогини). Если женское начало в женщине спит, то она не мать и далека от Бога. Но если это начало пробудилось в мужчине, он в большей степени мать и ближе к Богу. То же самое относится к мужскому началу. Цель духовности – в уравновешивании мужского и женского начал. Поэтому внутреннее пробуждение сознания важнее, чем внешний вид.

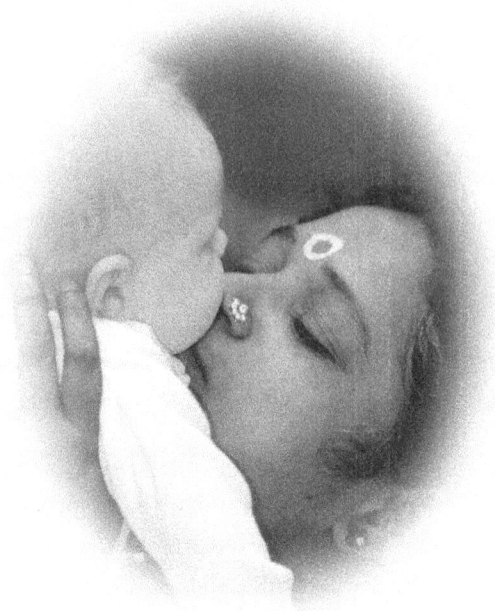

Привязанность и Любовь

Мужчина средних лет поведал Амме о том, как сильно он опечален разводом.

Искатель: Амма, я так ее любил и делал всё, чтобы она была счастлива. Тем не менее в моей жизни произошла эта трагедия. Иногда я чувствую себя совершенно опустошенным. Пожалуйста, помоги мне. Что мне делать? Как пережить эту боль?

Амма: Сын мой, Амма понимает твою боль и страдание. Такие эмоционально тяжелые ситуации трудно преодолевать. Тем не менее важно иметь правильное понимание того, что ты переживаешь, особенно если это стало препятствием на твоем пути.

Самое главное, над чем ты должен задуматься, – это проистекает ли твоя печаль из настоящей любви или из привязанности. В настоящей любви нет саморазрушительной боли, потому что ты просто любишь другого человека и не считаешь, что он принадлежит тебе. Вероятно, ты слишком привязан к своей бывшей жене или у тебя слишком развито собственническое чувство. Вот откуда твоя печаль и гнетущие мысли.

Искатель: У тебя есть какой-нибудь простой метод или техника, чтобы избавиться от этой саморазрушительной боли?

Амма: «Действительно ли я люблю или я слишком привязан?» Задай себе этот вопрос и загляни внутрь себя как можно глубже. Поразмышляй над этим. И скоро ты поймешь: то, что мы называем любовью, на самом деле привязанность. Большинство людей стремятся к привязанности, а не настоящей любви. Поэтому Амма сказала бы, что это иллюзия. В определенном смысле мы предаем сами себя. Мы принимаем привязанность за любовь. Любовь – это центр, а привязанность – периферия. Будь в центре и отстранись от периферии. Тогда боль уйдет.

Искатель *(доверительным тоном):* Ты права. Я понимаю, что в основном чувствую по отношению к своей бывшей жене привязанность, а не любовь, как ты и объяснила.

Амма: Если ты осознал подлинную причину своей боли, то отпусти ее и освободись. Диагноз поставлен, зараженная часть обнаружена – теперь удали ее. Зачем тебе нести этот ненужный груз? Просто выброси его.

Как избежать опасностей в жизни

Искатель: Амма, как распознать надвигающиеся жизненные опасности?

Амма: Повышая силу своей проницательности.

Искатель: Проницательность – это то же самое, что утонченность ума?

Амма: Это способность ума оставаться бдительным в настоящем.

Искатель: Но Амма, как это может предупредить меня об опасности, таящейся в будущем?

Амма: Если ты будешь бдителен в настоящем, тебя будет подстерегать меньше опасностей в будущем. Однако невозможно избежать всех неприятностей или отвести их все.

Искатель: Помогает ли нам лучше понять будущее и благодаря этому избежать возможных опасностей *джьётишь* [ведическая астрология]?

Амма: Даже у экспертов в этой области бывают в жизни трудные периоды. Некоторые астрологи наделены очень небольшой проницательностью и интуицией. Такие люди ставят под угрозу свои собственные жизни и жизни других людей. От опасностей, подстерегающих на жизненном пути, спасает не знание астрологии и не чтение астрологической карты. Только глубокое понимание жизни и проницательный подход к различным ситуациям действительно помогает человеку обрести больше покоя и иметь меньше проблем.

Искатель: Проницательность и понимание – это одно и то же?

Амма: Да. Чем больше у тебя проницательности, тем больше понимания, и наоборот.

Чем больше ты будешь пребывать в настоящем, тем бдительнее ты станешь и тем больше откровений тебе явится. Ты получишь больше посланий от Божественного. Каждое мгновение несет тебе такие послания. Если ты открыт и восприимчив, то сможешь их почувствовать.

Искатель: Амма, ты хочешь сказать, что эти откровения помогут нам распознать возможные грядущие опасности?

Амма: Да, ты будешь улавливать в этих откровениях намеки и сигналы.

Искатель: Какие намеки и сигналы?

Амма: Как ты определишь, что у тебя скоро начнется мигрень? Тебе станет не по себе, ты начнешь видеть перед глазами черные круги, не так ли? Как только появятся эти симптомы, ты примешь нужное лекарство, и оно поможет тебе. Аналогично, жизненные неудачи или опасности предваряют определенные сигналы. Обычно люди не замечают их. Однако если твой ум чист и восприимчив, ты можешь почувствовать их и предпринять необходимые шаги, чтобы их преодолеть.

Амма слышала такую историю. Журналист брал интервью у удачливого бизнесмена. Репортер спросил: «Сэр, в чем секрет Вашего успеха?»

Бизнесмен: «Два слова».

Журналист: «Какие?»

Бизнесмен: «Правильные решения».

Журналист: «Как Вы принимаете правильные решения?»

Бизнесмен: «Одно слово».

Журналист: «Какое?»

Бизнесмен: «Опыт».

Журналист: «Как приобрети этот опыт?»

Бизнесмен: «Два слова».

Журналист: «Какие?»

Бизнесмен: «Неправильные решения».

Так что, сын мой, всё зависит от того, как ты принимаешь ситуации, понимаешь их и совершаешь самоотдачу.

Амма расскажет тебе еще одну историю. По приглашению Юдхиштхиры, Кауравы приехали в Индрапрастху, столицу царства Пандавов[7]. Дворец был построен так искусно, что некоторые поверхности казались прекрасными озерами, хотя в действительности это был обычный пол. Были там

---

[7] Пандавы и Кауравы были противоборствующими сторонами в войне, о которой повествуется в «Махабхарате».

и места, которые выглядели, как обычный пол, хотя на самом деле это были бассейны с водой. Всё вокруг выглядело сюрреалистично. Когда сто братьев под предводительством Дурьодханы, старшего из Кауравов, вошли в прекрасный сад, они чуть не начали снимать с себя одежду, думая, что перед ними бассейн. Но это был просто пол, выглядевший как бассейн. Зато очень скоро все братья, включая Дурьодхану, угодили в настоящий бассейн, который выглядел, как обычный пол, и насквозь промокли. Панчали, жена пятерых братьев Пандавов, расхохоталась, увидев это уморительное зрелище. Дурьодхана и его братья глубоко оскорбились.

Это было одним из ключевых событий, пробудивших в братьях Кауравах гнев и жажду мести и впоследствии повлекших за собой описанную в «Махабхарате» войну и великое разрушение.

Это очень поучительная история. В жизни мы тоже сталкиваемся со многими ситуациями, которые кажутся опасными, и предпринимаем меры предосторожности. Но в конечном счете может оказаться, что в этих ситуациях не было ничего страшного. А в других обстоятельствах, которые, казалось бы, не несут никакой угрозы, может оказаться скрыто много подводных камней. Нет ничего незначительного. Вот почему в жизни, сталкиваясь с различными жизненными ситуациями, так важно иметь *шраддху* [внимание, бдительность].

Не стяжай богатство Бога

Искатель: Копить и обладать – это грех?

Амма: Это не грех, если у тебя есть сострадание. Иными словами, ты должен иметь желание делиться с бедными и нуждающимися.

Искатель: А иначе?

Амма: А иначе это грех.

Искатель: Почему?

Амма: Потому что всё принадлежит Богу. Наше право собственности временно; оно возникает и исчезает.

Искатель: Но разве Бог не хочет, чтобы мы пользовались всем тем, что Он создал для нас?

Амма: Конечно, хочет, но Бог не хочет, чтобы мы этим злоупотребляли. Бог также хочет, чтобы мы использовали способность к различению, наслаждаясь всем тем, что Он создал.

Искатель: Что такое способность к различению?

Амма: Способность к различению – это использование знаний таким образом, чтобы они не вводили тебя в заблуждение. Иными словами, использование знаний для того, чтобы отличать *дхарму* от *адхармы* [праведное от неправедного], вечное от преходящего – вот что такое способность к различению.

Искатель: Как же нам проявлять способность к различению при использовании объектов окружающего мира?

Амма: Избавься от собственнического чувства – считай, что всё принадлежит Богу и наслаждайся этим. Этот мир – временная остановка. Ты здесь на короткое время, как гость. Вследствие неведения ты делишь всё, каждую пядь земли, на свое и чужое. Тот кусок земли, который ты считаешь своим, раньше принадлежал многим другим. Теперь его предыдущие владельцы лежат в этой земле. Возможно, сегодня твоя очередь играть роль владельца, но помни, что однажды и ты тоже исчезнешь. Тогда придет другой человек и займет твое место. Так имеют ли смысл собственнические притязания?

Искатель: Какую роль я должен играть здесь?

Амма: Будь слугой Господа. Бог, даритель всего, хочет, чтобы ты делился Его богатством со всеми. Если такова воля Божья, то кто ты такой, чтобы приберегать добро для себя? Если, противясь воле Бога, ты откажешься делиться, это будет стяжательством, что равносильно воровству. Просто считай себя гостем в этом мире.

Как-то раз к Махатме пришел один человек. Не найдя в доме ни мебели, ни предметов декора, он задал Великой Душе вопрос: «Странно, почему здесь нет мебели?»

«Кто ты такой?» – спросил его Махатма.

«Я – гость», – ответил человек.

«И я тоже, – сказал Махатма. – Так зачем мне неразумно накапливать вещи?»

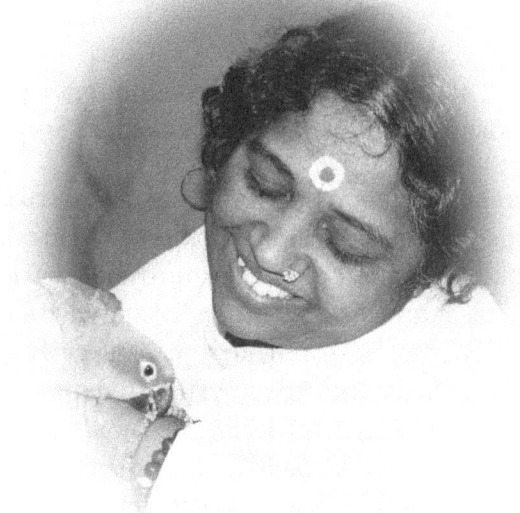

Амма и Природа

Искатель: Как бы ты описала свои взаимоотношения с Природой?

Амма: Связь Аммы с Природой – это не взаимоотношения, это абсолютное Единство. Тот, кто любит Бога, любит и Природу, потому что Бог и Природа нераздельны. Достигнув состояния просветления, ты соединишься со всей Вселенной. Во взаимоотношениях Аммы с Природой нет любящего и любимого – есть только любовь. Нет двоих, есть только одно, только любовь.

Как правило, во взаимоотношениях не хватает настоящей любви. Во взаимоотношениях, построенных на обычной любви, существуют двое или, можно сказать, трое – любящий, любимый и любовь. Однако когда любовь истинная, любящий и любимый исчезают, и остается непрерывное ощущение чистой, безусловной любви.

Искатель: Что значит Природа для людей?

Амма: Природа для людей – это жизнь. Она является неотъемлемой частью нашего существования. Наши взаимоотношения с Природой проявляются каждое мгновение, на всех уровнях. Мы не только полностью зависим от Природы – мы влияем на нее, а она – на нас. Когда мы по-настоящему любим Природу, она отвечает взаимностью и открывает нам свои неисчерпаемые богатства. И как в настоящей любви к другому человеку, в любви к Природе мы должны быть бесконечно преданны, терпеливы и сострадательны.

Искатель: Наши взаимоотношения с Природой основаны на обмене или взаимной поддержке?

Амма: На том и другом, и даже более того. Однако Природа будет продолжать существовать и без людей. Она знает, как о себе позаботиться. А людям для существования требуется поддержка Природы.

Искатель: Что произойдет, если взаимодействие между Природой и человеком станет совершенным?

Амма: Природа перестанет прятать от нас свои богатства. Открыв бесконечную сокровищницу природных запасов, она позволит нам наслаждаться ими. Она будет защищать, кормить и лелеять нас, как мать.

Когда отношения между человечеством и Природой становятся совершенными, возникает круговое энергетическое поле с взаимопроникающими энергетическими потоками. Иными словами, когда мы, люди, полюбим Природу, она полюбит нас.

Искатель: Почему люди относятся к Природе так жестоко? Из-за эгоизма или отсутствия понимания?

Амма: Из-за того и другого. По сути, отсутствие понимания проявляется как эгоистические действия.

Основной причиной является неведение. Вследствие неведения люди полагают, что Природа – это всего лишь место, откуда они могут бесконечно брать, ничего не давая взамен. Большинство людей знают лишь язык потребления. Из-за полного неведения они не считаются с другими людьми. Наши отношения с Природой сегодня – не что иное, как проекция нашего внутреннего эгоизма.

Искатель: Амма, что ты имеешь в виду, говоря «считаться с другими»?

Амма: Амма подразумевает: относиться к другим с состраданием. Главное качество, которое необходимо развить человеку для того, чтобы считаться с другими, – будь то Природа или люди – это глубокая внутренняя связь, связь со своей совестью. Совесть в подлинном смысле этого слова – это способность видеть в других самого себя. Подобно тому, как ты видишь свое отражение в зеркале, ты видишь в других себя. Ты отражаешь других, их чувства: как печаль, так и радость. Мы должны развить эту способность в наших взаимоотношениях с Природой.

Искатель: Коренным населением нашей страны [США] были индейцы. Они поклонялись природе и поддерживали с ней глубокую связь. Ты полагаешь, мы должны вести себя так же?

Амма: То, что должен делать человек, зависит от его склада ума. Однако Природа – это часть жизни, часть целого. Природа – это поистине Бог. Поклоняться Природе – то же самое, что поклоняться Богу.

Поклоняясь холму Говардхану, Господь Кришна препо-
дал нам великий урок поклонения Природе, которое должно
стать частью нашей жизни. Он попросил свой народ поклоняться холму Говардхану, потому что он защищает людей. Господь Рама, прежде чем построить мост через море, в течение
трех дней совершал суровые аскетические подвиги, чтобы
умилостивить океан. Даже Махатмы относятся к природе с
большим уважением и, прежде чем приступить к какому-то
начинанию, стараются снискать ее благосклонность. В Индии существуют храмы для птиц, зверей, деревьев, даже яще-
риц и ядовитых змей. Они призваны подчеркнуть огромное
значение связи между людьми и Природой.

Искатель: Амма, что ты посоветуешь для восстановления
взаимосвязи между человеком и Природой?

Амма: Давайте будем милосердными и заботливыми. Будем
брать у Природы только то, в чем действительно нуждаемся,
а затем постараемся это в какой-то мере возместить. Ибо мы
получим, только отдавая. Благословение – это то, что возвращается к нам в ответ на проявленное нами отношение.
Если мы будем относиться к Природе с любовью, считая ее
жизнью, Богом, частью нашего существования, тогда она
будет нам лучшим другом – другом, которому мы всегда
сможем доверять, который никогда не предаст. Но если наше
отношение к Природе будет неправильным, тогда вместо
благословения мы получим негативную реакцию. Если
человечество будет неосторожно во взаимоотношениях с
Природой, она «восстанет» против нас, и последствия могут
быть катастрофическими.

Многие прекрасные творения Господа уже потеряны из-
за неправильного поведения людей и полного неуважения к
Природе. Если мы будем продолжать вести себя так же, на
нас обрушится великая беда.

Санньяса, вершина человеческого существования

Искатель: Что такое санньяса?

Амма: *Санньяса* – это вершина человеческого существования. Это исполнение предназначения человека.

Искатель: *Санньяса* – это состояние ума или что-то другое?

Амма: *Санньяса* – это и состояние ума, и состояние «отсутствия ума».

Искатель: Амма, как бы ты объяснила это состояние... или что бы то ни было?

Амма: Если трудно объяснить даже мирские переживания, как можно объяснить *санньясу*, переживание самого высокого порядка? Это такое состояние, при котором человек обладает полной внутренней свободой выбора.

Искатель: Амма, я знаю, что задаю слишком много вопросов, но что ты подразумеваешь под «внутренней свободой выбора»?

Амма: Люди – рабы своих мыслей. Ум – не что иное, как непрерывный поток мыслей. Давление, создаваемое этими мыслями, делает тебя беспомощной жертвой внешних ситуаций. У человека бесчисленное количество мыслей и эмоций как тонкого, так и грубого плана. Не умея внимательно исследовать и отличать хорошие от плохих, плодотворные от разрушительных, большинство людей легко поддаются вредным импульсам, их захватывают негативные эмоции. В высшем состоянии *санньясы* у человека есть выбор: принять определенную мысль или эмоцию или отстраниться от нее. У тебя есть выбор: «сотрудничать» или «не сотрудничать» с каждой мыслью, эмоцией или ситуацией. Даже если ты решишь принять их, у тебя есть возможность в любой момент, когда ты пожелаешь, отстраниться от них и двигаться дальше. Это поистине свобода.

Искатель: *В чем смысл одежды цвета охры, которую носят санньясины?*

Амма: Она означает внутреннее достижение или цель, которой ты хочешь достичь. Она также означает, что тебя больше не интересуют мирские достижения – это открытое заявление, что твоя жизнь посвящена Богу и познанию высшего «Я». Она означает, что твое тело и ум охвачены пламенем *вайрагьи* [отрешенности] и что ты больше не принадлежишь ни к какой определенной национальности, касте, секте или религии. Однако *санньяса* – это не просто ношение цветных одежд.

Одежда – всего лишь символ, указывающий на состояние бытия, трансцендентное состояние. *Санньяса* – это внутреннее изменение твоего отношения к жизни и того, как ты ее воспринимаешь. Ты становишься человеком, полностью лишенным эго. Теперь ты принадлежишь не себе, а всему миру, и твоя жизнь приносится на алтарь служения человечеству. Пребывая в этом состоянии, ты никогда ни от кого ничего не ожидаешь и не требуешь. В состоянии истинной *санньясы* ты становишься скорее бытием, чем личностью.

Когда ученик получает от Учителя посвящение в *сан-ньясу*, ученик срезает с затылка ту небольшую прядь волос, которую он раньше не стриг. После этого он предает эти волосы и священный шнур[8] жертвенному огню. Это символизирует отречение от всякой привязанности к телу, уму и интеллекту, к любым наслаждениям в этом или ином мире.

Санньясины должны либо носить длинные волосы, либо полностью сбривать их. В древности у *санньясинов* были спутанные волосы. Это говорит об отрешенности от тела. Тебя больше не интересует украшение тела, потому что истинная красота – в познании *Атмана* [высшего «Я»]. Тело изменяется, умирает. Какой смысл в бесполезной привязанности к нему, если твоя истинная природа – неизменное и бессмертное высшее «Я»?

Привязанность к преходящему – источник всех печалей и страданий. *Санньясин* – тот, кто осознал эту великую истину: преходящую природу внешнего мира и непреходящую природу сознания, которое придает всему вокруг красоту и очарование.

Истинную *санньясу* невозможно дать – это, скорее, Реализация.

Искатель: Значит, это достижение?

Амма: Ты снова задаешь тот же самый вопрос. *Санньяса* – это венец всех подготовительных действий, известных как *садхана* [духовная практика].

Мы можем достичь только того, что не присуще нам, что не является частью нас самих. Состояние *санньясы* – это наша суть, то, что мы есть на самом деле. Пока ты этого не осознаешь, ты можешь называть это достижением, но как

---

[8] *Яджнопавитам* – состоящий из трех нитей шнур, который носят через плечо. Символизирует обязанности человека перед семьей, обществом и Гуру.

только придет настоящее знание, ты поймешь, что это и есть ты настоящий и что ты никогда не отдалялся от него – просто не мог этого сделать.

Каждый обладает способностью познать, кто он есть на самом деле. Мы пребываем в забытьи. Кто-то должен напомнить нам о нашей беспредельной внутренней силе.

Представьте человека, который зарабатывает себе на хлеб, прося милостыню. Однажды к нему подходит незнакомец и говорит: «Эй, что ты тут делаешь? Ты не нищий и не бродяга. Ты – мультимиллионер».

Нищий не верит незнакомцу и отходит в сторону, не обращая на того внимания. Но незнакомец проявляет мягкую настойчивость. Он идет вслед за нищим и говорит: «Поверь мне. Я твой друг и хочу тебе помочь. То, что я говорю, – правда. Ты и в самом деле богач, и сокровище, которым ты владеешь, совсем рядом».

Теперь нищим овладевает любопытство, и он спрашивает: «Совсем рядом? Где?»

«Прямо в той хижине, где ты живешь, – отвечает незнакомец. – Нужно совсем немного покопать, и оно – твое навечно».

Нищий больше не хочет терять ни минуты. Он немедленно возвращается домой и откапывает сокровище.

Незнакомец – это истинный Учитель, который дает нам правильную информацию, убеждает и вдохновляет нас откопать бесценное сокровище, скрытое внутри нас. Мы пребываем в забытьи. Гуру помогает нам познать, кто мы есть на самом деле.

Есть только одна дхарма

Искатель: Дхарм много?

Амма: Нет, есть только одна *дхарма*.

Искатель: Тогда почему люди говорят о разных *дхармах*?

Амма: Потому, что они не видят единую Реальность. Они видят только множество, разные имена и формы.

Однако можно условно сказать, что существует больше, чем одна *дхарма*, причем *дхарма* каждого человека зависит от его *васан* [склонностей]. Например, музыкант может сказать, что его *дхарма* – это музыка. Бизнесмен может сказать, что его *дхарма* – заниматься бизнесом. И это нормально. Тем не менее ни одно из этих занятий не принесет человеку полного удовлетворения. То, что приносит полное удовлетворение и мир, – это настоящая *дхарма*. Чем бы человек ни занимался, пока он не будет удовлетворен собой, он не обретет покоя, и его будет преследовать ощущение, что «чего-то не хватает». Ничто, ни одно мирское достижение, не сможет заполнить эту пустоту в его жизни. Чтобы появилось ощущение удовлетворения, каждый должен найти свой внутренний центр. Это и есть настоящая *дхарма*. До тех пор, пока этого не произойдет, ты будешь ходить кругами в поисках покоя и радости.

Искатель: Если человек будет неуклонно исполнять *дхарму*, это станет залогом и материального достатка, и духовного роста?

Амма: Да, если следовать *дхарме* в настоящем смысле слова, это, несомненно, поможет обрести и то, и другое.

У царя демонов Раваны было два брата: Кумбхакарна и Вибхишана. Когда Равана похитил Ситу, благочестивую супругу Господа Рамы, оба брата неоднократно предупреждали Равану о катастрофических последствиях, к которым это может привести, и советовали ему вернуть Ситу Раме. Равана проигнорировал их мольбы и в конечном счете объявил Раме войну. Хотя Кумбхакарна и осознавал, что его старший брат ведет себя неправедно, он в конце концов покорился Раване из-за привязанности к нему и любви к клану демонов.

Вибхишана же был очень благочестив и праведен. Он не мог примириться с *адхармичным* [неправедным] поведением своего брата и продолжал делиться с ним своими опасениями, пытаясь изменить его внутренний настрой. Однако Равана не соглашался с Вибхишаной, не принимал во внимание его доводы и даже не слушал его. В конце концов эгоистичный Равана так разгневался на младшего брата, что выслал его из страны за чрезмерную назойливость. Вибхишана нашел прибежище у стоп Рамы. В ходе последовавшей за этим войны Равана и Кумбхакарна были убиты, а Сита освобождена. Перед возвращением на родину, в Айодхью, Рама сделал Вибхишану царем Ланки.

Из всех трех братьев Вибхишана был единственным, кто смог найти баланс между мирской и духовной *дхармой*. Как ему это удалось? Благодаря тому, что он внутренне пребывал в духе, даже исполняя мирские обязанности, а не наоборот. Такой подход к исполнению мирских обязанностей принесет человеку высшее удовлетворение. Два других брата, Равана и Кумбхакарна, напротив, проецировали мирской взгляд даже на исполнение духовной *дхармы*.

Вибхишана не проявлял никакого эгоизма. Он не просил Раму сделать его царем. Он лишь хотел прочно утвердиться в *дхарме*. Но его непоколебимая стойкость в соблюдении обета и решимость снискали ему Божественную милость. Он обрел как материальный достаток, так и духовное сокровище.

Искатель: Амма, это прекрасная история. Однако истинные духовные искатели не стремятся к материальному благополучию, не так ли?

Амма: Да, единственная *дхарма* духовного искателя – это просветление. Его не удовлетворит ничто иное. Для такого человека всё остальное несущественно.

Искатель: Амма, у меня есть еще один вопрос. Ты думаешь, в сегодняшнем мире есть Раваны и Кумбхакарны? Если это так, легко ли будет выжить Вибхишанам в таком мире?

Амма (*смеясь*): В каждом живет Равана и Кумбхакарна. Разница только в степени. Конечно, люди с ярко выраженными демоническими качествами, как у Раваны и Кумбхакарны, тоже есть. В сущности весь тот хаос и конфликты, которые мы наблюдаем в современном мире, не что иное, как порождение умов таких людей. Тем не менее истинные Вибхишаны выживут, потому что они найдут прибежище в Раме, или Боге, который защитит их.

Искатель: Хоть я и сказал, что это будет моим последним вопросом, у меня есть еще один вопрос, если Амма позволит.

Амма (*по-английски*): Хорошо, спрашивай.

Искатель: Что лично ты думаешь об этих современных Раванах?

Амма: Они тоже дети Аммы.

Действовать сообща – это дхарма

«В эту калиюгу [темный век материализма] люди во всем мире отдаляются друг от друга. Они живут изолированно, как острова, не имея никакой внутренней связи. Это опасно: от этого окружающая нас тьма сгущается еще сильнее. Только любовь создает мост, взаимосвязь, будь то между людьми или между человеком и природой. Сила мира сегодня – в том, чтобы действовать сообща. В данный период это следует считать одной из первоочередных дхарм [обязанностей]».

Преданность и осознание

Искатель: Есть ли какая-то связь между осознанием и преданностью?

Амма: Чистая преданность – это безусловная любовь. Безусловная любовь – это самоотдача. Полная самоотдача означает полную открытость, или беспредельную широту. Эта открытость, или широта, и есть осознание. Это воистину Божественное состояние.

Помогая закрытому сердцу ученика раскрыться

Искатель: Амма, ты говоришь своим преданным и ученикам, что для достижения Бога крайне необходим личный Гуру, но ты сама считала всё сущее своим Гуру. Разве ты не думаешь, что у других тоже есть такой выбор?

Амма: Конечно, есть. Но на духовном пути выбор обычно не срабатывает.

Искатель: В твоем случае он сработал, не так ли?

Амма: Для Аммы это не было одним из вариантов выбора. Скорее это произошло само собой.

Сын мой, Амма ничего никому не навязывает. Для тех, кто обладает непоколебимой верой и видит в каждой ситуации (как негативной, так и позитивной) послание Божье, нет необходимости во внешнем Гуру. Но сколько людей обладают такой решимостью и силой?

Путь к Богу – это нечто такое, что нельзя никому навязать. Из этого ничего не выйдет. Принуждение может, наоборот, нарушить весь процесс. На этом пути Гуру должен быть безгранично терпелив по отношению к ученику. Как бутон, распускаясь, превращается в прекрасный благоухающий цветок, так с помощью Гуру полностью раскрывается закрытое сердце ученика.

Ученики пребывают к неведении, а Гуру пробужден. Ученики не имеют никакого понятия о том, кто такой Гуру и на каком плане он работает. В силу неведения ученики могут иногда проявлять крайнее нетерпение. Привыкшие осуждать других, они могут даже начать критиковать Гуру. В таких случаях по-настоящему помочь ученику может лишь безусловная любовь и сострадание совершенного Учителя.

Что значит быть благодарным

Искатель: Что значит быть благодарным Учителю, или Богу?

Амма: Смирение, открытость, молитвенный настрой – вот что помогает получить Божественную милость. Истинному Учителю нечего приобретать или терять. Испытываешь ты благодарность или нет, это не затрагивает Учителя, утвержденного в высшем состоянии отрешенности. Однако, если ты испытываешь благодарность, это помогает тебе восприять милость Божью. Благодарность – это внутреннее состояние. Будь благодарен Богу, ибо это наилучший способ выбраться из тесного мирка, созданного телом и умом, и проникнуть в беспредельный внутренний мир.

Сила, стоящая за телом

Искатель: Правда ли, что каждая душа отлична от других и обладает обособленным, индивидуальным существованием?

Амма: Разве электричество, приводящее в действие вентилятор, отлично от электричества, приводящего в действие холодильник, телевизор и другие приборы?

Искатель: Нет, но обладают ли души обособленным существованием после смерти?

Амма: В зависимости от *кармы* [результата совершенных в прошлом действий] и приобретенных *васан* [склонностей] они будут обладать кажущимся обособленным существованием.

Искатель: Имеют ли наши индивидуальные души желания и в этом состоянии?

Амма: Да, но они не могут их осуществить. Как полностью парализованный человек не может подняться и взять то, что хочет, так и эти души не могут удовлетворить свои желания, потому что у них нет тела.

Искатель: Сколько времени они находятся в таком состоянии?

Амма: Это зависит от силы их *прарабдха-кармы* [проявляющихся в настоящем результатов их прошлых действий].

Искатель: Что происходит после того, как она исчерпывается?

Амма: Они вновь рождаются, и цикл повторяется снова и снова, пока они не осозна́ют, кто они на самом деле.

Отождествляя себя с телом и умом, мы полагаем: «Я – тот, кто совершает действия, я – тот, кто думает» и так далее. В действительности ни тело, ни ум не могут функционировать без *Атмана* [высшего «Я»]. Может ли машина работать без электричества? Разве не сила электричества приводит всё в движение? Без этой силы даже гигантская машина – всего лишь огромная груда железа или стали. Аналогично, кем бы мы ни были и чем бы ни занимались, именно присутствие *Атмана* помогает нам совершать действия. Без него мы – всего лишь неживая материя. Забыть об *Атмане* и просто боготворить тело – всё равно что игнорировать электричество и влюбиться в машину.

Два витальных переживания

Искатель: Могут ли совершенные Учителя выбирать время и обстоятельства своего рождения и смерти?

Амма: Лишь совершенное существо обладает полным контролем над такими ситуациями. Все остальные абсолютно беспомощны, проходя через эти два витальных переживания. Никто не спросит тебя, где ты пожелаешь родиться, кем или чем ты хочешь стать. Ты также не получишь никакого послания с вопросом, готов ли ты умереть.

И тот, кто постоянно жаловался на тесную однокомнатную квартиру, и тот, кто наслаждался комфортом роскошного особняка, будут тихо и спокойно лежать в крошечном пространстве гроба, когда *Атман* [высшее «Я»] оставит их тело. Человек, который не мог ни минуты прожить без кондиционера, не будет испытывать никакого дискомфорта, когда его тело будет гореть на погребальном костре. Почему? Потому что теперь это всего лишь неодушевлённый объект.

Искатель: Смерть – это страшная штука, да?

Амма: Она страшна для тех, кто живёт, полностью отождествляя себя с эго, не задумываясь о реальности за пределами тела и ума.

Думать о других

Один преданный хотел получить простое, понятное и короткое объяснение, что такое духовность.

Амма сказала: «Быть участливым по отношению к другим людям и испытывать к ним сострадание – это духовность».

«Прекрасно!» – сказал преданный и поднялся, чтобы уйти.

Внезапно Амма взяла его руку и сказала: «Сядь».

Мужчина повиновался.

Держа одной рукой преданного, который в это время получал *даршан*, Амма наклонилась к искателю, задавшему вопрос, и тихо спросила по-английски: «Как насчет истории?»

Искатель пришел в замешательство: «Амма, ты хочешь, чтобы я рассказал тебе историю?»

Амма рассмеялась и ответила: «Нет, хочешь ли ты услышать историю?»

Обрадованный искатель воскликнул: «Конечно, я хочу услышать твою историю. Я так счастлив!»

Амма начала рассказ:

«Как-то раз, когда один человек задремал с открытым ртом, в него залетела муха. С тех пор этот человек постоянно чувствовал, что она живет внутри него.

Чем больше бедняга думал об этой мухе, рисуя ее в своем воображении, тем больше он беспокоился. Вскоре его волнение переросло в мучительное депрессивное состояние. Он не мог ни есть, ни спать. Жизнь утратила всякую радость. Все его мысли были только о мухе. Можно было видеть, как он постоянно "гоняет" ее из одной части тела в другую.

Он обращался к врачам, психологам, психиатрам и другим специалистам, надеясь, что они помогут ему избавиться от мухи. Все они говорили: "С Вами всё в порядке. Внутри у Вас нет никакой мухи. Даже если она и залетела, то давно уже погибла. Перестаньте беспокоиться: Вы здоровы".

Однако этот человек никому не верил и продолжал страдать. Однажды близкий друг привел его к Махатме. Внимательно выслушав историю про муху, Махатма осмотрел человека и сказал: "Ты прав. У тебя внутри действительно есть муха. Я вижу, как она двигается".

Продолжая смотреть в его раскрытый рот, Махатма воскликнул: "Боже мой! Вы только полюбуйтесь! Она за это время выросла!"

Как только Махатма произнес эти слова, человек повернулся к своему другу и жене и сказал: "Вот видите, те эскулапы были полными невеждами. Этот малый меня понимает. Он сразу же обнаружил муху".

Махатма приказал: "Сиди смирно. Малейшее движение может всё испортить". Потом он накрыл пациента с головой толстым одеялом. "Это ускорит процесс. Я хочу, чтобы всё тело снаружи и внутри было в полной темноте, чтобы муха ничего не видела. Поэтому даже не открывай глаза".

Человек уже так твердо уверовал в Махатму, что был готов сделать всё, что тот скажет.

"Теперь расслабься и не двигайся". С этими словами Махатма пошел в другую комнату, где принялся ловить живую муху. Наконец, ему это удалось, он посадил ее в бутылку и вернулся назад.

Махатма стал осторожно водить руками по туловищу больного. При этом он отпускал комментарии по поводу передвижений мухи: "Так, теперь не двигайся, муха сидит в твоем желудке… Эх, не успел, теперь она улетела и уселась на легких… Вот, вот она! Ах, нет, опять сорвалось!.. Какая она шустрая! Теперь она снова в желудке… Ладно, сейчас я прочитаю *мантру*, которая сделает эту муху неподвижной”.

Затем он сделал вид, что поймал муху и вынимает ее из живота пациента. Еще через несколько секунд Махатма попросил его открыть глаза и снять одеяло. Когда тот сделал это, Махатма показал ему муху, которую заблаговременно поймал и посадил в бутылку.

Человек был вне себя от радости. Он пустился в пляс. Повернувшись к жене, он воскликнул: “Сколько раз я говорил тебе, что я прав, а все эти психологи идиоты. Теперь я пойду прямо к ним. Пусть вернут мне деньги, которые я им заплатил!”

На самом деле никакой мухи не было. Единственная разница в том, что Махатма отнесся к пациенту участливо, а другие – нет. Они говорили правду, но не помогли ему. А Махатма поддержал его, посочувствовал ему, понял его и проявил по отношению к нему истинное сострадание. Это помогло человеку превозмочь слабость.

Махатма смог лучше понять больного, его страдания и психологическое состояние, потому что опустился на его уровень. Другие, напротив, оставались на своем собственном уровне понимания и не проявили по отношению к больному никакого участия».

Амма сделала паузу, а потом продолжила: «Сын мой, в этом-то и состоит весь процесс духовной реализации. Учитель делает вид, что “муха”, живущая в погруженном в неведение ученике (его эго), настоящая. Будучи участливым по отношению к ученику и принимая во внимание его неведение, Учитель добивается полного сотрудничества со стороны ученика. Без такого сотрудничества Учитель ничего не может сделать. Правда, ученику, действительно стремящемуся к самопознанию, легко сотрудничать с истинным Учителем, потому что прежде чем помочь ученику пробудиться и осознать Реальность, Учитель очень много работает с ним и его слабостями. Настоящая цель истинного Учителя – Мастера – состоит в том, чтобы помочь ученику тоже стать мастером, хозяином положения в любой ситуации.

Лоно Любви

Искатель: Недавно я прочел в одной книге, что у всех людей есть духовное лоно. Оно действительно существует?

Амма: Вероятно, это просто метафора. Такого органа, как «духовное лоно» не существует на физическом плане. Возможно, имеется в виду тонкость восприятия, которую мы должны развить в себе, чтобы ощущать и переживать любовь внутри. Бог подарил каждой женщине утробу, чтобы она могла вынашивать ребенка, питать его, растить и в конце концов произвести на свет. Аналогично, мы должны создать в себе достаточно внутреннего пространства, чтобы в нем могла зародиться и расти любовь. Наши медитации, молитвы и песнопения «вскормят» и «взлелеют» эту любовь, постепенно помогая ребенку любви вырасти и бесконечно расшириться. Чистая любовь – это *шакти* [энергия] в чистейшей форме.

Духовные люди – особенные?

Искатель: Амма, как ты думаешь, духовность – это нечто особенное? И духовные люди – особенные?

Амма: Нет.

Искатель: Почему?

Амма: Смысл духовности в том, чтобы жить абсолютно нормальной жизнью в гармонии со своим внутренним «Я». В этом нет ничего особенного.

Искатель: Ты хочешь сказать, что только духовные люди живут нормальной жизнью?

Амма: Разве Амма это сказала?

Искатель: Не прямо, но твое высказывание подразумевает это, не так ли?

Амма: Это твое толкование слов Аммы.

Искатель: Хорошо, но что ты скажешь о большинстве людей, живущих в миру?

Амма: О большинстве? Разве мы не все живем в миру?

Искатель: Амма, прошу тебя…

Амма: До тех пор, пока мы живем в миру, мы все миряне. Однако духовным тебя делает то, как, живя в миру, ты воспринимаешь жизнь и жизненные испытания. Сын мой, все полагают, что ведут нормальную жизнь. Так это или нет, каждый человек должен определить посредством самоанализа. Нам также следует уяснить, что духовность не является чем-то необычным или исключительным. Духовность не для того, чтобы стать особенным, а для того, чтобы стать смиренным. Важно также понять, что родиться человеком – это само по себе особенное явление.

Всего лишь временная остановка

Искатель: Амма, почему в духовной жизни так важна непривязанность?

Амма: Не только духовные искатели, но и все, кто хочет повысить свой потенциал и обрести умственный покой, должны развивать непривязанность. Быть непривязанным – значит стать *сакши* [свидетелем] всего, что происходит в жизни.

Привязанность обременяет ум, а непривязанность освобождает его от бремени. Чем более обременен ум, тем он более напряжен и тем сильнее хочет освободиться от бремени. В сегодняшнем мире умы людей всё сильнее обременяются негативными мыслями. Это естественно повлечет за собой сильную жажду непривязанности, настоящую потребность в ней.

Искатель: Амма, мне очень хочется быть непривязанным, но мне не хватает твердости.

Амма: Твердость приходит лишь с осознанием. Чем больше у тебя осознания, тем больше твердости. Сын мой, рассматривай этот мир как временную остановку, пусть длительную. Мы все путешественники, и это очередное место, которое мы посещаем. Как во время поездки на поезде или автобусе, мы встречаем попутчиков, с которыми можем беседовать о жизни, обмениваться взглядами по поводу происходящих в мире событий. Спустя некоторое время мы можем даже почувствовать привязанность к человеку, сидящему рядом с нами. Однако каждый пассажир должен будет сойти на своей остановке. Поэтому, повстречав кого-то или поселившись где-то, сохраняй осознание того, что однажды тебе придется расстаться с этим человеком или местом. При условии позитивного отношения, это осознание несомненно будет служить тебе путеводной нитью, что бы ни происходило в жизни.

Искатель: Амма, ты хочешь сказать, что нам следует вырабатывать непривязанность, живя в этом мире?

Амма (*с улыбкой*): А где еще ты можешь научиться непривязанности, как не в этом мире? После смерти? На самом деле развитие непривязанности – это путь к преодолению страха смерти. Это гарантия абсолютно безболезненной и блаженной смерти.

Искатель: Как это возможно?

Амма: Когда ты не привязан, ты остаешься *сакши* даже по отношению к переживанию смерти. Непривязанность – это правильное отношение. Это правильное восприятие. Если, смотря фильм, мы отождествим себя с героями, а потом начнем подражать им в жизни, хорошо это будет или плохо? Смотри фильм с осознанием, что это только кино, тогда ты получишь от него настоящее удовольствие. Истинный путь к покою – это духовное мышление и духовный образ жизни. Ты не купаешься в реке до бесконечности: ты купаешься для того, чтобы выйти на берег свежим и чистым. Аналогично, если тебя интересует духовный образ жизни, рассматривай свою жизнь домохозяина как способ исчерпать *васаны* [склонности]. Иными словами, помни, что ты живешь семейной жизнью не для того, чтобы погружаться в нее всё глубже и глубже, а для того чтобы исчерпать эти и другие сопутствующие *васаны* и освободиться от уз действий. Ты должен стремиться исчерпать негативные *васаны*, а не накапливать их.

Что слышит ум

Искатель: Амма, как ты определишь, что такое ум?

Амма: Это инструмент, который никогда не слышит того, что говорят, – он слышит только то, что ему хочется услышать. Тебе говорят одно, а ум слышит другое. Потом, посредством вырезания, правки и вставки, он перерабатывает услышанное. Совершая эти операции, ум что-то удаляет из оригинала, что-то добавляет к нему, истолковывает и шлифует его, пока, в конце концов, не получит то, что ему нравится. А потом ты убеждаешь себя, что это именно то, что тебе сказали.

Есть один мальчик, который часто приходит в *ашрам* [духовный центр] с родителями. Однажды его мать рассказала Амме интересную историю, которая случилась у них дома. Мать попросила сына серьезнее относится к учебе, так как приближались экзамены. Но у мальчика было другое на уме. Ему хотелось заниматься спортом и смотреть фильмы. Споря с матерью, он сказал ей: «Мама, разве ты не слышала, как Амма в своих беседах подчеркивает, что важно жить в настоящем? Не понимаю, почему ты так беспокоишься об экзаменах, которые еще не наступили, когда у меня есть другие дела в настоящем». Вот то, что он услышал.

Любовь и бесстрашие

Чтобы проиллюстрировать то, как любовь рассеивает все страхи, Амма рассказала следующую историю.

Амма: Давным-давно жил-был царь, который правил одним из индийских государств; его резиденция находилась в крепости на вершине горы. Каждый день в эту крепость приходила продавать молоко одна женщина. Обычно она приходила около шести утра и уходила до шести вечера. Ровно в шесть вечера огромные ворота крепости закрывались, и после этого никто не мог ни войти, ни выйти до следующего утра.

Каждое утро, как только стражники открывали массивные железные ворота, там уже стояла эта женщина с кринкой молока на голове.

Как-то вечером, замешкавшись, женщина подошла к выходу через несколько секунд после того, как пробило шесть часов: ворота только что закрылись. У нее был маленький сын, который ждал ее возвращения дома. Женщина упала к ногам стражников, умоляя их пропустить ее. Со слезами на глазах она просила: «Пожалуйста, смилуйтесь надо мной. Мой малыш не поест и не заснет, пока я не приду. Бедняжка будет плакать всю ночь в ожидании мамы. Умоляю! Пропустите меня!» Однако стражники и пальцем не пошевелили, так как не могли нарушить приказ.

Охваченная паникой, женщина обежала всю крепость, отчаянно пытаясь найти место, откуда она могла бы выбраться. Она не могла вынести мысли о том, что ее малыш не дождется ее прихода.

232

Крепость окружали скалистые горы, леса с зарослями колючих кустарников и ядовитыми растениями. С приходом ночи материнская обеспокоенность молочницы стала еще сильнее, и ее решимость вернуться к ребенку окрепла. Она снова обошла крепость в поисках места, откуда можно было бы спуститься вниз и добраться до дому. В конце концов ей удалось найти склон горы, который казался не таким отвесным и высоким, как другие. Спрятав кринку из-под молока в кустах, молочница стала осторожно спускаться. Карабкаясь вниз, она получила несколько ссадин и ушибов. Несмотря на все злоключения, мысль о сыне помогала ей продвигаться вперед. В конце концов женщине удалось добраться до подножия горы. Она прибежала домой и счастливо провела остаток ночи рядом со своим ребенком.

На следующее утро, когда стражники открыли ворота, они с изумлением увидели, что та самая женщина, которая накануне вечером не могла выбраться из крепости, стоит у ворот, ожидая возможности войти.

«Если с нашей неприступной крепости смогла спуститься обыкновенная молочница, то значит, есть место, откуда может подобраться враг и напасть на нас», – подумали они. Сознавая серьезность ситуации, они немедленно арестовали женщину и привели ее к царю.

Царь был человеком мудрым и рассудительным. Его ум, храбрость и благородство славились в народе. Он принял молочницу очень любезно. Сложив руки в приветствии, царь сказал: «О мать, если моя стража говорит правду о том, что тебе удалось выбраться отсюда вчера ночью, не могла бы ты показать мне то место, откуда ты смогла спуститься вниз?»

Молочница привела царя, его министров и стражников в то самое место. Там она нашла кринку из-под молока, спрятанную накануне в кустах, и показала ее царю. Взглянув на крутой склон горы, царь спросил ее: «Мать, покажи нам, пожалуйста, как ты смогла спуститься отсюда прошлой ночью?»

Молочница посмотрела на отвесный, неприступный склон и задрожала от страха. «Нет, я не могу!» – воскликнула она.

«Как же ты сделала это вчера?» – спросил царь.

«Я не знаю», – ответила женщина.

«А я знаю, – ласково произнес царь. – Твоя любовь к сыну дала тебе силы и смелость сделать невозможное».

Если любишь по-настоящему, то выходишь за границы тела, ума и всех страхов. Сила чистой любви беспредельна. Подобная любовь всеобъемлюща, всепроникающа. В такой любви человек может ощутить единство высшего «Я». Любовь – это дыхание души. Никто не скажет: «Я буду дышать только в присутствии жены, детей, родителей и друзей. Я не могу дышать в присутствии моих врагов, тех, кто меня ненавидит, или тех, кто меня обидел». Тогда ты не сможешь жить, ты просто-напросто умрешь. Любовь – это тоже данность, то, что не знает различий. Она присутствует везде. Это наша жизненная сила.

Чистая, невинная любовь делает возможным всё. Когда твое сердце наполнено чистой энергией любви, выполнить даже самую трудную задачу будет так же легко, как сорвать цветок.

Почему существуют войны?

Искатель: Амма, почему на свете столько войн и насилия?

Амма: Из-за недостатка понимания.

Искатель: Что такое недостаток понимания?

Амма: Отсутствие сострадания.

Искатель: Понимание и сострадание взаимосвязаны?

Амма: Да, когда появляется истинное понимание, тебе удается действительно входить в положение другого человека, не придавая значения его слабостям. Это понимание превращается в любовь. Когда внутри возникает чистая любовь, рождается и сострадание.

Искатель: Амма, я слышал твое высказывание о том, что причина войн и конфликтов заключается в эго.

Амма: Да, это так. Незрелое эго и отсутствие понимания – почти одно и то же. Мы используем много разных слов, но фактически все они означают одно.

Когда люди теряют связь со своим внутренним «Я» и больше отождествляют себя с эго, единственным следствием может быть насилие и война. Это то, что происходит в сегодняшнем мире.

Искатель: Амма, ты хочешь сказать, что люди придают слишком большое значение внешнему миру?

Амма: Цивилизация [здесь – внешние блага и технический прогресс] и *самскара* [благородные мысли и качества] должны идти рука об руку. Но что мы наблюдаем в обществе? Стремительное низведение духовных ценностей, не так ли? Конфликты и войны – это самые низкие аспекты существования, а *самскара* – самый высокий.

Состояние сегодняшнего мира лучше всего передает следующий пример. Представь очень узкую дорогу. Водители двух встречных машин ударяют по тормозам, когда их машины оказываются совсем рядом. Пока один из них не подаст назад и не уступит дорогу другому, ни один из них не сможет проехать. Однако оба водителя упрямо заявляют, что не сдвинутся ни на сантиметр. Положение можно исправить, только если один из них проявит немного смирения и добровольно уступит дорогу другому. Тогда каждый из них сможет без труда добраться до пункта назначения. Уступивший дорогу также может испытать радость от сознания того, что другой получил возможность проехать только благодаря ему.

236

Как мы можем сделать Амму счастливой?

Искательница: Амма, как я могу служить тебе?

Амма: Бескорыстно служа другим людям.

Искательница: Что мне сделать, чтобы ты была счастлива?

Амма: Помогай другим чувствовать себя счастливыми. Это сделает Амму поистине счастливой.

Искательница: Амма, разве ты ничего не хочешь от меня?

Амма: Амма хочет, чтобы ты была счастлива.

Искательница: Амма, ты такая красивая!

Амма: Эта красота есть и в тебе. Нужно лишь найти ее.

Искательница: Я люблю тебя, Амма.

Амма: Дочь моя, на самом деле, ты и Амма – не два разных существа. Мы – одно целое. Потому что есть только любовь.

Подлинная проблема

Искатель: Амма, ты говоришь, что всё едино. Но я вижу, что вещи обособлены друг от друга. Почему?

Амма: Проблема не в том, что человек видит предметы обособленными или различными. Подлинная проблема в неспособности видеть Единство за этим многообразием. Это неправильное восприятие, которое действительно является ограничением. Нужно исправить то, как ты смотришь на мир и происходящее вокруг тебя, – после этого всё изменится само собой.

Как зрение нуждается в коррекции, когда наши внешние глаза ослабевают, то есть когда объекты начинают двоиться у нас в глазах, так и внутреннее зрение нуждается в исправлении в соответствии с наставлениями *Садгуру* [истинного Учителя] – того, кто утвердился в сознании Единства.

С миром всё в порядке

Искатель: Что происходит с миром? Положение в нем оставляет желать лучшего. Можно ли что-то сделать для его исправления?

Амма: Проблема не в мире. Проблема в человеческом уме – в эго. Именно неконтролируемое эго создает проблемы в мире. Немного больше понимания и сострадания – и всё может кардинально измениться.

Миром правит эго. Люди – беззащитные жертвы своего эго. Трудно встретить чутких людей с сострадательным сердцем. Обрети внутреннюю гармонию, сложи внутри прекрасную песнь жизни и любви. Иди в мир и служи страждущим. Научись ставить нужды других выше своих собственных. Но, возомнив, что ты любишь других и служишь им, не возлюби свое собственное эго. Сохрани свое эго, но научись быть господином ума и эго. Проявляй участие по отношению ко всем, ибо это врата, ведущие к Богу и твоему высшему «Я».

Зачем следовать путем духовности?

Искатель: Зачем следовать путем духовности?

Амма: Это как если бы семечко спросило: «Зачем мне погружаться в землю, прорастать и расти вверх?»

Управление духовной энергией

Искатель: По крайней мере небольшое число людей, занимающихся духовной практикой, теряют рассудок. Почему это происходит?

Амма: Духовная практика подготавливает твое ограниченное тело и ум к тому, чтобы вместить вселенскую *шакти* [энергию]. Благодаря духовной практике внутри тебя открываются врата к высшему сознанию. Иными словами, она непосредственно связана с чистой *шакти*. Если не проявлять осторожность, могут возникнуть психические и физические проблемы. К примеру, свет помогает нам видеть. Но слишком большое количество света причинит вред нашим глазам. Так, *шакти*, или блаженство, в высшей степени благотворно. Однако, если ты не знаешь, как правильно контролировать *шакти*, это может стать опасным. Настоящую помощь в такой ситуации может оказать лишь руководство *Садгуру* [истинного Учителя].

Жалоба и сострадание непорочного сердца

Маленький мальчик подбежал к Амме и показал ей свою правую ладошку. Амма нежно взяла его пальчик и по-английски спросила: «Что, малыш?» Он повернулся и сказал: «Там...»

Амма *(по-английски)*: Что там?

Малыш: Папа...

Амма *(по-английски)*: Что папа?

Малыш *(показывая на свою ладошку)*: Папа сел сюда.

Амма *(крепко обнимая мальчика и говоря по-английски)*: Амма зовет папу.

В этот момент к Амме подошел отец мальчика. Он объяснил, что утром случайно сел на руку сына. Это произошло дома, и ребенок пытался рассказать об этом Амме.

Продолжая прижимать к себе мальчика, Амма произнесла: «Детка, Амма задаст твоему папе хорошую трепку, ладно?»

Малыш кивнул головой. Амма сделала вид, что бьет отца, а тот притворился, будто плачет. Внезапно мальчик схватил руку Аммы и сказал: «Хватит!»

Еще крепче прижав к себе ребенка, Амма рассмеялась. Все вокруг присоединились к ней.

Амма: Видите, он любит своего отца. Он не хочет, чтобы кто-то обижал его папу.

Дети, подобно этому маленькому мальчику, который пришел и, ничего не утаивая, открыл сердце Амме, вам тоже следует научиться изливать сердце Богу. Хотя Амма только делала вид, что бьет его отца, для малыша это было по-настоящему. Он не хотел, чтобы папе было больно. Так и вы, дети, научитесь понимать боль других и сострадать каждому.

Пробуждение спящего ученика

Искатель: Как Гуру помогает ученику преодолеть эго?

Амма: Создавая необходимые ситуации. В действительности ученику помогает сострадание *Садгуру* [истинного Учителя].

Искатель: Так что же именно помогает ученику? Ситуации или сострадание Гуру?

Амма: Ситуации возникают в результате безграничного сострадания *Садгуру*.

Искатель: Эти ситуации обычные или особенные?

Амма: Это обычные ситуации. Но в то же время они особенные, потому что они – одна из форм благословения, которое *Садгуру* посылает для духовного роста ученика.

Искатель: Возникает ли конфликт между Гуру и учеником в процессе устранения эго?

Амма: Ум будет сопротивляться и протестовать, потому что он хочет продолжать спать и видеть сны. Он не хочет, чтобы его тревожили. Однако истинный Учитель призван нарушить сон ученика. У *Садгуру* одна единственная цель – пробудить ученика. Таким образом, возникает кажущееся противоречие. Тем не менее истинный ученик, наделенный *шраддхой* [верой], использует способность к различению, чтобы преодолеть подобные внутренние конфликты.

Послушание Гуру

Искатель: Приведет ли абсолютное послушание Гуру к смерти эго?

Амма: Да. В Катха-упанишаде *Садгуру* [истинный Учитель] представлен в образе бога смерти Ямы. Это связано с тем, что Гуру символизирует смерть эго ученика, которая может наступить только при помощи *Садгуру*.

Послушание *Садгуру* возникает из любви ученика к нему. Самопожертвование и сострадание Учителя будут сильно воодушевлять ученика. Тронутый этими природными свойствами Гуру, ученик будет открыт влиянию Гуру и послушен ему.

Искатель: Чтобы встретить смерть эго, требуется необычайное мужество, да?

Амма: Конечно, поэтому на такое способны лишь немногие. Позволить эго умереть – это всё равно, что постучаться в двери смерти. Это то, что сделал Начикетас, юный искатель истины из Катха-упанишады. Но если у тебя хватит смелости и решимости постучаться в двери смерти, ты обнаружишь, что смерти нет. Ибо даже смерть или смерть эго – иллюзия.

Горизонт здесь

Искатель: Где скрыто высшее «Я»?

Амма: Это всё равно что спросить: «Где я скрыт?» Ты нигде не скрыт. Ты внутри себя. Высшее «Я» тоже находится внутри тебя, а также снаружи.

С берега кажется, что океан и горизонт в определенной точке соединяются. Предположим, там находится остров, и кажется, что деревья касаются неба. Но если мы туда отправимся, увидим ли мы эту точку соприкосновения? Нет, эта точка тоже отодвинется. Теперь она будет в другом месте. Где же в действительности находится горизонт? Горизонт прямо здесь, на том месте, где мы стоим, верно? Так и то, что ты ищешь, находится прямо здесь. Но пока мы загипнотизированы своим умом и телом, оно будет казаться очень далеким.

С точки зрения высшего знания ты подобен нищему. Истинный Учитель приходит и говорит тебе: «Ты владеешь всей Вселенной. Выброси миску для сбора подаяний и отыщи сокровище, скрытое внутри тебя».

Твое незнание истины заставляет тебя упрямо твердить: «Ты говоришь чепуху. Я – нищий и хочу продолжать нищенствовать до конца дней своих. Пожалуйста, оставь меня в покое». Однако *Садгуру* [истинный Учитель] не бросит тебя в таком положении. Он будет снова и снова напоминать тебе об Истине, пока ты не поверишь и не начнешь поиск.

Словом, *Садгуру* помогает нам осознать нищенское положение ума, побуждает нас отбросить миску попрошайки и помогает стать хозяином Вселенной.

Вера и четки

Во время Дэви-бхавы9 в Сан-Рамоне (Калифорния) я собирался идти петь бхаджаны [духовные песнопения], когда ко мне подошла женщина, глаза которой были полны слез.

Она сказала: «Я потеряла предмет, который был мне очень дорог».

В голосе женщины звучали нотки отчаяния. Она сказала: «Я спала на балконе с четками, которые мне подарила бабушка. Когда я проснулась, четки исчезли. Кто-то их украл. Они были для меня бесценны. Господи, что же мне теперь делать?» И она заплакала.

«Справлялись ли Вы в бюро находок?» – поинтересовался я.

«Да, – сказала женщина, – но их там нет».

Я ответил: «Пожалуйста, не плачьте. Давайте сделаем объявление. Если кто-то нашел или взял по ошибке Ваши четки, может быть, он вернет их Вам, если Вы объясните, как они Вам дороги».

Мы уже направились к микрофону, как вдруг она сказала: «Как же это могло случиться в ночь Дэви-бхавы, когда я пришла получить *даршан* Аммы?»

Услышав это, я непроизвольно произнес: «Вы были недостаточно внимательны. Вот почему Вы потеряли четки. Зачем Вы спали, держа четки в руке, если они Вам так дороги? Сегодня ночью сюда пришли самые разные люди. Амма никого не отвергает. Она позволяет каждому принимать участие в

---

9 Явление Аммой состояния сознания Божественной Матери.

программе и испытывать радость. Зная это, Вам следовало лучше приглядывать за четками. А теперь Вы вините Амму, не желая признавать ответственность за свою небрежность».

Женщину не убедили эти слова. Она сказала: «Моя вера в Амму пошатнулась».

Я спросил ее: «А была ли у Вас вера? Если бы у Вас была настоящая вера, как бы Вы могли ее потерять?»

Она ничего не ответила. Тем не менее я подвел ее к микрофону, и она сделала объявление.

Несколько часов спустя, после того как я закончил петь, я встретил эту женщину возле центрального входа в зал. Она ждала меня. Женщина рассказала мне, что четки нашлись. Кто-то увидел, что они лежат на балконе и взял их, думая, что это подарок от Аммы. Однако услышав объявление, он вернул их.

Женщина сказала: «Спасибо за Ваш совет».

«Благодарите Амму, потому что из сострадания она не захотела, чтобы Вы потеряли веру», – ответил я. Перед тем как распрощаться, я сказал: «Хоть сюда пришли самые разные люди, все они любят Амму; в противном случае Вы бы никогда больше не увидели свои четки».

Любовь и самоотдача

Искатель: Амма, в чем разница между любовью и самоотдачей?

Амма: Любовь обусловлена. Самоотдача безусловна.

Искатель: Что это значит?

Амма: В любви есть любящий и любимый, ученик и Учитель, преданный и Бог. Но в самоотдаче нет двоих. Есть только Учитель, есть только Бог.

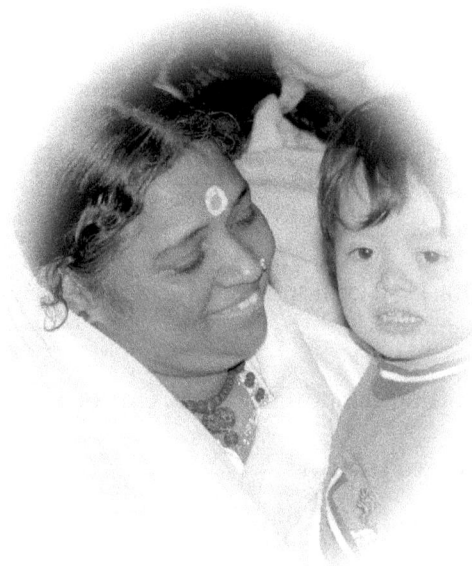

Осознанность и бдительность

Искатель: Осознанность – это то же самое, что шраддха [внимание, бдительность]?

Амма: Да, чем больше у тебя *шраддхи*, тем больше будет осознанности. Недостаток осознанности ведет к препятствиям на пути к вечной свободе. Это подобно вождению машины в условиях тумана. Ты не можешь ничего ясно видеть. Более того, это опасно, так как в любой момент может произойти авария. Тогда как действия, совершаемые с осознанием, помогают тебе постичь твою внутреннюю божественность. Благодаря им ясность твоего ви́дения постепенно возрастает.

Вера делает всё простым

Искатель: Почему так трудно достичь Самореализации?

Амма: На самом деле Самореализация – это просто, потому что *Атман* [высшее «Я»] близок к нам, как ничто иное. Трудности возникают только из-за ума.

Искатель: Но это совсем не так трактуется в Писаниях и великими Учителями. Они предписывают очень строгие способы и методы для достижения Самореализации.

Амма: Писания и великие Учителя всегда стараются говорить об этом просто. Они постоянно напоминают вам, что высшее «Я», или Бог, – это ваша истинная природа, а значит, оно недалеко. Это и есть настоящий ты, твое подлинное лицо. Но для того чтобы впитать эту истину, необходима вера. Отсутствие веры делает путь тяжелым, а вера делает его легким. Скажи ребенку: «Ты – король», и он мгновенно отождествит себя с этим понятием и начнет вести себя, как король. Есть ли такая вера у взрослых людей? Нет. Вот почему для них это сложно.

Сосредоточение на цели

Искатель: Амма, как можно ускорить свой духовный рост?

Амма: Посредством искренней *садханы* [духовной практики] и сосредоточения на Цели. Всегда помни, что твое физическое существование в этом мире предназначено для духовного достижения. Твое мышление и образ жизни должны быть сформированы таким образом, чтобы они помогали тебе продвигаться вперед по этому пути.

Искатель: Сосредоточение на Цели – это то же самое, что непривязанность?

Амма: У того, кто сосредоточен на Цели, естественным образом появляется непривязанность. Например, если ты едешь в другой город по срочному делу, твой ум будет постоянно сосредоточен на пункте назначения, не так ли? Ты можешь увидеть красивый парк и озеро, хороший ресторанчик, жонглера, жонглирующего пятнадцатью шарами и т.д., но привлечет ли тебя всё это? Нет. Твой ум останется отрешенным при виде этих объектов и будет направлен только на цель путешествия. Так и у человека, действительно сосредоточенного на Цели, непроизвольно возникает непривязанность.

Действия и оковы

Искатель: Некоторые полагают, что действия порождают препятствия на духовном пути, а потому следует воздерживаться от них. Верно ли это?

Амма: Вероятно, так говорят лентяи. *Карма* [действие] сама по себе не опасна. Однако она становится опасной, когда ей не сопутствует сострадание, когда она используется только для собственного удовольствия и совершается из скрытых мотивов. Например, во время операции врач должен обладать высокой осознанностью, а также иметь сострадание. Если же врач думает о домашних проблемах, его уровень осознанности снижается. В результате может даже оказаться под угрозой жизнь пациента. Такая *карма* является *адхармой* [неправильным действием]. С другой стороны, чувство удовлетворения, которое испытывает врач после успешной операции, может помочь ему вырасти, если примет правильное направление. Иными словами, когда движущей силой *кармы* является осознанность и сострадание, она ускоряет духовный рост. Когда же мы делаем что-то с малой осознанностью или без осознанности, а также без сострадания, это становится опасным.

Для развития способности к различению

Искатель: Амма, благодаря чему растет способность к различению?

Амма: Благодаря созерцательным действиям.

Искатель: Способный к различению ум – это зрелый ум?

Амма: Да, это духовно зрелый ум.

Искатель: Будет ли такой ум обладать бо́льшим потенциалом?

Амма: Бо́льшим потенциалом и пониманием.

Искатель: Пониманием чего?

Амма: Пониманием всего, каждой ситуации и каждого опыта.

Искатель: Ты имеешь в виду даже негативные и болезненные ситуации?

Амма: Да, все. Даже болезненные ситуации при глубоком их осмыслении оказывают положительное воздействие на нашу жизнь. Под внешней оболочкой всех ситуаций, как плохих, так и хороших, скрыто духовное послание. Рассматривать всё с внешней стороны – материализм, а с внутренней – духовность.

Завершающий прыжок

Искатель: Амма, наступает ли в жизни духовного искателя такой момент, когда всё, что ему необходимо, это просто ждать?

Амма: Да. После того как *садхак* [духовный искатель] долгое время совершал духовную практику, то есть после того, как он приложил все необходимые усилия, наступает момент, когда ему следует прекратить всякую *садхану* [духовную практику] и терпеливо ждать наступления Реализации.

Искатель: Может ли искатель в этот момент сам совершить прыжок?

Амма: Нет. На самом деле это решающий момент, когда *садхаку* требуется огромная помощь.

Искатель: Придет ли такая помощь от Гуру?

Амма: Да, в этот момент *садхаку* может помочь только милость *Садгуру* [истинного Учителя]. Тут *садхаку* необходимо абсолютное терпение, потому что он уже сделал всё, что мог, приложил все свои усилия. Теперь *садхак* беспомощен. Он не знает, как сделать завершающий шаг. В это время искатель может даже смутиться и вернуться к мирской жизни, решив, что такого состояния, как Самореализация, не существует. Лишь присутствие и милость *Садгуру* вдохновит искателя и поможет ему преодолеть это состояние.

Самый счастливый момент в жизни Аммы

Искатель: Амма, какой момент в твоей жизни самый счастливый?

Амма: Каждый.

Искатель: Что это значит?

Амма: Амма хочет сказать, что она всегда счастлива, потому что для Аммы существует лишь чистая любовь.

Амма на какое-то время замолчала. Продолжался даршан. Один преданный принес Амме для благословения изображение Богини Кали, танцующей на груди Господа Шивы. Амма показала это изображение преданному, задавшему вопрос.

Амма: Посмотри на эту картину. Хотя Кали выглядит грозной, она пребывает в блаженном состоянии. Знаешь, почему? Потому что она только что отрубила своему любимому ученику голову – эго. Голова считается обиталищем эго. Кали празднует счастливый момент, когда ее ученик полностью превзошел эго. Еще одна душа, долгое время блуждавшая во тьме, высвобождена из когтей *майи* [иллюзии].

Когда человек достигает спасения, поднимается и пробуждается *кундалини-шакти* [духовная энергия] всего Творения. С этого момента человек воспринимает всё, как Божественное. Так начинается бесконечный праздник. Поэтому Кали танцует в экстазе.

Искатель: Ты хочешь сказать, что и для тебя тоже самый счастливый момент – это когда твои дети выходят за пределы эго?

На лице Аммы засияла лучезарная улыбка.

Самый большой подарок, который дарит Амма

Один престарелый преданный, у которого была тяжелая стадия рака, пришел на даршан Аммы. Зная, что он скоро умрет, преданный сказал: «Прощай, Амма. Спасибо тебе за всё, что ты мне подарила. Ты посылала мне чистую любовь и направляла меня в это трудное время. Без тебя я бы давным-давно сдался. Всегда держи эту душу подле себя». Сказав это, преданный взял руку Аммы и положил ее себе на грудь.

Затем он зарыдал, закрыв лицо руками. Амма нежно положила его голову себе на плечо, утирая слезы, струившиеся по ее собственным щекам.

Подняв голову преданного со своего плеча, Амма посмотрела ему в глаза. Он перестал плакать, повеселел и приободрился. Он сказал: «Благодаря всей той любви, которую ты подарила мне, Амма, это дитя не чувствует печали. Я только беспокоюсь об одном: буду ли я с тобой и после смерти? Вот почему я заплакал. Остальное меня не тревожит».

С великой любовью и заботой глядя в его глаза, Амма нежно сказала: «Не волнуйся, дитя мое. Амма заверяет тебя, что ты навсегда останешься с ней».

Внезапно лицо мужчины озарилось несказанной радостью. Он преисполнился покоя. Амма, чьи глаза были еще влажными от слез, молча смотрела ему вслед.

Любовь оживляет всё

Искательница: Амма, если всё вокруг пронизано сознанием, означает ли это, что неживые объекты тоже имеют сознание?

Амма: Они обладают сознанием, которое ты не можешь почувствовать или понять.

Искательница: Как же это постичь?

Амма: Благодаря чистой любви. Любовь делает всё живым и исполненным сознания.

Искательница: У меня есть любовь, но я не вижу всё как живое и исполненное сознания.

Амма: Это означает, что с твоей любовью что-то не так.

Искательница: Любовь – это любовь. Как с ней может быть что-то не так?

Амма: Истинная любовь – это то, что помогает нам ощущать жизнь и жизненную силу повсюду. Если твоя любовь не позволяет тебе этого, значит, она не настоящая. Она иллюзорна.

Искательница: Но это очень трудно понять и осуществить на практике, не так ли?

Амма: Нет, это не так.

Преданная замолчала, и на ее лице было написано недоумение.

Амма: Это не так сложно, как ты думаешь. На самом деле, практически все делают это, только неосознанно.

Как раз в это время одна из преданных принесла на благословение к Амме свою кошку. Амма на какое-то время замолчала. Она взяла кошку в руки и стала ее нежно гладить. Потом она нанесла кошке на лоб немного сандаловой пасты и скормила ей шоколадную конфету.

Амма: Мальчик или девочка?

Искательница: Девочка.

Амма: Как ее зовут?

Искательница: Роза… *(озабоченно)* Последние два дня она плохо себя чувствует. Пожалуйста, благослови ее, Амма, чтобы она скорее выздоровела. Она – моя верная подруга и компаньонка.

Когда женщина произнесла эти слова, на ее глаза навернулись слезы. Амма с любовью втерла в шерсть кошки немного священного пепла, отдала ее назад женщине, и та ушла счастливая.

Амма: Для этой дочери ее кошка – не одна из миллионов кошек. Ее кошка уникальна. Она для нее почти как человек. С ее точки зрения, Роза обладает индивидуальностью. Почему? Потому что она очень любит свою кошку. Она сильно привязана к ней.

Люди во всем мире делают то же самое. Они дают имена кошкам, собакам, попугаям, а иногда даже деревьям. Как только человек дает животному или растению имя и начинает воспринимать его, как свое собственное, оно становится особенным и отличным от других представителей того же вида. Оно внезапно становится чем-то бо́льшим, чем просто существо. Особое отношение к нему человека дает ему новую жизнь.

Посмотри на маленьких детей. Для них кукла становится живой и исполненной сознания. Они разговаривают с куклой, кормят ее и спят с ней. Что оживляет куклу? Любовь ребенка, не так ли? Любовь может превратить даже простой объект в живое и наделенное сознанием существо.

Скажи-ка Амме, разве любить подобным образом – сложно?

Великий урок прощения

Искатель: Амма, есть ли что-то, что ты хотела бы сказать мне сейчас? Может быть, ты хотела бы дать мне какие-то особые указания на этом жизненном этапе?

Амма (*улыбаясь*): Будь терпелив.

Искатель: Это всё?

Амма: Это очень много.

Преданный сделал несколько шагов прочь, как вдруг Амма окликнула его: «...и еще умей прощать».

Услышав слова Аммы, мужчина обернулся и спросил: «Ты говоришь мне?»

Амма: Да, тебе.

Мужчина вернулся и сел возле Аммы.

Искатель: Я уверен, что ты даешь мне какой-то намек, потому что так было всегда в прошлом. Амма, пожалуйста, поясни, что ты имеешь в виду.

Амма продолжала давать даршан, а преданный ждал в надежде услышать что-то еще. Некоторое время Амма ничего не говорила.

Амма: В твоем уме, должно быть, всплыло какое-то воспоминание. Иначе почему ты так быстро отреагировал, когда Амма сказала «умей прощать»? Сын мой, когда Амма сказала «будь терпелив», твоя реакция была иной. Ты принял этот совет и стал уходить, не так ли? Значит, что-то действительно тебя беспокоит.

Услышав слова Аммы, мужчина некоторое время тихо сидел, низко опустив голову. Неожиданно он заплакал, закрыв лицо руками. Для Аммы было невыносимо видеть, как ее дитя плачет. Она ласково вытерла его слезы и погладила его грудь.

Амма: Не беспокойся, сын мой, Амма с тобой.

Искатель (*плача*): Ты права. Я не могу простить своего сына. Я не разговариваю с ним уже год. Я сильно обижен и зол на него. Амма, пожалуйста, помоги.

Амма (*глядя на него с состраданием*): Амма понимает.

Искатель: Однажды, примерно год назад, он пришел домой, будучи под действием наркотиков. Когда я стал его бранить, он вспылил, принялся кричать на меня, бить посуду и крушить всё вокруг. Я вышел из себя и вышвырнул его из дома. С тех пор я больше его не видел и не разговаривал с ним.

Преданный выглядел глубоко несчастным.

Амма: Амма видит твое сердце. Любой бы потерял над собой контроль в подобной ситуации. Не вини себя за тот инцидент. Тем не менее для тебя важно, чтобы ты простил его.

Искатель: Я хочу этого, но не могу забыть о случившемся и двигаться дальше. Когда сердце говорит мне простить, ум немедленно возражает. Он говорит мне: «Почему ты должен его прощать? Он совершил ошибку, так пусть пожалеет об этом и попросит у тебя прощения».

Амма: Сын мой, ты действительно хочешь исправить эту ситуацию?

Искатель: Да, Амма, хочу. Я хочу наладить отношения с сыном.

Амма: Если это так, никогда не слушай, что тебе говорит ум. Он не может разрешить подобную ситуацию. Ум, напротив, только усугубит ее и запутает тебя еще больше.

Искатель: Амма, что ты мне посоветуешь?

Амма: Возможно, Амма скажет не то, что ты хочешь услышать. Однако Амма может сказать, что тебе действительно нужно для исправления ситуации и мирной жизни с сыном. Имей веру, и постепенно всё наладится само собой.

Искатель: Прошу тебя, Амма, научи меня. Я постараюсь исполнить все твои наставления.

Амма: Что случилось, то случилось. Для начала признай это и прими. Затем поверь в то, что за видимой причиной цепи событий, произошедших в тот день, крылась незримая причина. Твой ум не желает идти на уступки и склонен во всем винить сына. Ладно. В том конкретном случае, возможно, он и был виноват. Однако...

Искатель (*взволнованно*): Амма, ты не закончила свою мысль.

Амма: Позволь Амме задать тебе вопрос. Ты очень уважал и любил своих родителей, в особенности отца?

Искатель (*несколько озадаченно*): С матерью у меня были прекрасные отношения... но с отцом я совсем не ладил.

Амма: Почему?

Искатель: Потому что он был очень строгим, и мне было трудно ужиться с ним.

Амма: И конечно, ты не раз грубил отцу, что его обижало?

Искатель: Да.

Амма: Это означает, что твои действия по отношению к отцу теперь возвращаются к тебе через твоего сына, его слова и поступки.

Искатель: Амма, я верю тебе.

Амма: Сын, разве ты не страдал из-за напряженных отношений с отцом?

Искатель: Страдал.

Амма: Ты когда-нибудь простил его и наладил с ним отношения?

Искатель: Да, но только за несколько дней до его смерти.

Амма: Сын мой, хочешь ли ты, чтобы твой сын испытывал такие же страдания, которые и тебе тоже не принесут ничего, кроме горя?

Преданный разрыдался, качая головой и повторяя: «Нет, Амма, нет… никогда».

Амма (*прижимая его к себе*): Так прости своего сына, потому что это путь, ведущий к миру и любви.

Мужчина еще долго сидел возле Аммы и медитировал.
Уходя, он сказал: «Я чувствую такую легкость и покой. Я как можно скорее встречусь с сыном. Спасибо тебе, Амма. Спасибо тебе огромное».

Даршан

Искатель: Что должны делать люди, чтобы сильно ощутить твой даршан?

Амма: Каким образом мы сильно ощущаем красоту и аромат цветка? Оставаясь полностью открытыми цветку. Но что, если у тебя заложен нос? Ты не сможешь ощутить аромат цветка. Аналогично, если твой ум заблокирован суждениями и предвзятыми идеями, ты не сможешь ощутить *даршан* Аммы.

Для ученого цветок – объект для проведения экспериментов, для поэта – источник вдохновения. А музыкант? Он поет о цветке. Травник видит в нем источник действенного лекарства, не так ли? Для животного или насекомого цветок – всего лишь пища. Никто из них не видит цветок как цветок, как целое. Так и люди имеют разные природные свойства. Амма принимает всех одинаково – дает всем одинаковую возможность, ту же любовь, тот же самый *даршан*. Она никого не отвергает, потому что все – ее дети. Тем не менее, в зависимости от уровня восприимчивости человека, *даршан* будет разным.

Даршан всегда есть. Это непрерывный поток. Тебе лишь нужно получить его. Если ты сможешь полностью отстраниться от своего ума хотя бы на секунду, то получишь *даршан* во всей его полноте.

Искатель: Учитывая то, что ты сказала, все ли получают твой *даршан*?

Амма: Это зависит от того, насколько человек открыт. Чем больше открытости, тем больше *даршана*. Каждый получает пусть и не полное, но мимолетное видение.

Искатель: Мимолетное видение чего?

Амма: Того, чем он в действительности является.

Искатель: Означает ли это, что он также видит проблеск того, чем *ты* в действительности являешься?

Амма: Реальность и в тебе, и в Амме одна и та же.

Искатель: Что же это?

Амма: Блаженная тишина любви.

Не думая, а веря

Репортер: Амма, в чем цель твоего пребывания на этой планете?

Амма: А в чем цель *твоего* пребывания на этой планете?

Репортер: Я поставил перед собой определенные жизненные цели. Думаю, я здесь для того, чтобы их достичь.

Амма: Амма тоже находится здесь для достижения определенных целей на благо общества. Однако, в отличие от тебя, Амма не только *думает*, что эти цели будут достигнуты, а твердо уверена в этом.

АУМ ТАТ САТ